AF364045

*Un " Photographe "
de l'Époque de la Révolution et de l'Empire*

Edme QUENEDEY

DES RICEYS (Aube)

Portraitiste au Physionotrace

Seconde Partie :

SON ŒUVRE (1788-1829)

PAR

René HENNEQUIN

AVOCAT

SECRÉTAIRE DE LA SOCIÉTÉ ACADÉMIQUE DE L'AUBE

TROYES

IMPRIMERIE DE J.-L. PATON, RUE DU GÉNÉRAL-SAUSSIER, 27 ET 29

Éditeur de l'Annuaire de l'Aube

1927

Un " *Photographe* "
de l'Époque de la Révolution et de l'Empire

EDME QUENEDEY

DES RICEYS (AUBE)

Portraitiste au Physionotrace

Seconde Partie :

SON ŒUVRE (1788-1829)

INTRODUCTION

Champ de cette étude : (a) portraits dessinés par Quenedey, gravés par Chrétien ; (b) portraits dessinés et gravés par Quenedey ou seulement gravés par lui. — Physionotraces et portraits d'édition.

Dans une précédente étude (1), nous avons essayé de retracer la vie du portraitiste semi-bourguignon, semi-champenois Edme Quenedey, peintre en miniature, dessinateur au physionotrace et graveur, qui, surtout à ces derniers titres, connut le succès à Paris au moment de la Révolution et jouissait encore dans la capitale d'une certaine notoriété sous le Consulat et sous l'Empire.

Nous allons tenter maintenant de donner un aperçu des ouvrages d'un genre particulier qu'il mit au jour pendant quarante années, de 1788 à 1829, jusqu'à sa mort arrivée en janvier 1830.

C'est dire que nous parlerons seulement de son œuvre dessiné et gravé.

Nos recherches ne nous ont, en effet, procuré que des renseignements insuffisants sur son œuvre peint, à coup sûr beaucoup moins important et qui n'entre pour rien dans le souvenir qu'on a gardé de son nom ; nous en savons moins encore sur ce qu'il produisit en lithographie, aux débuts et aux progrès de laquelle il s'était industriellement intéressé.

---

(1) R. H., *Edme Quenedey, portraitiste... (1756-1830)* ; Troyes, 1926, in-8.

Miniaturiste à peine connu, lithographe ignoré, Quenedey ne nous occupera donc, dans cette seconde étude, que comme portraitiste au physionotrace, titre auquel il a dû sa réputation.

Mais, en matière de « physionotraces », le nom de l'ingénieux violoncelliste de Versailles inventeur de la machine à dessiner des portraits, de l'associé puis du concurrent de notre compatriote des Riceys, par qui ce dernier fut initié à l'art de la gravure durant l'année de leur collaboration, le nom de Chrétien en un mot ne saurait être isolé de celui de Quenedey, tant le sujet les réunit. Aussi ne nous sera-t-il guère possible de traiter des ouvrages de celui-ci sans faire d'assez fréquents rapprochements avec les ouvrages analogues de celui-là, d'autant qu'avant de devenir commercialement rivaux les deux artistes avaient commencé par travailler de compagnie et que pendant la période de lancement des physionotraces, à la veille de la Révolution, l'on se trouve en présence de productions qui leur sont communes.

Tout en reconnaissant que ces premiers ouvrages du genre peuvent être portés au compte de Chrétien aussi bien qu'au compte de Quenedey, suivant qu'on les considère sous l'angle de leur présentation en gravure ou sous celui de l'exécution du dessin initial, selon qu'on s'intéresse au traducteur ou bien à l'auteur, nous les ferons rentrer dans notre étude parce que le mérite de les avoir mis en vogue revient au dessinateur riceton plus qu'au graveur versaillais (1).

Au surplus nos développements ultérieurs s'appliqueront à la fois :

Aux portraits seulement *dessinés par Quenedey* et gravés ensuite par un autre (Chrétien pour presque tous et Roy pour quelques-uns) ;

Aux portraits *dessinés et gravés par Quenedey*, de beaucoup les plus nombreux ;

Enfin aux portraits seulement *gravés par Quenedey* d'après un modèle dessiné, peint ou sculpté par un autre, en nombre assez restreint.

Outre les physionotraces proprement dits, c'est-à-dire les profils (de format in-18 ou in-12 en général) exécutés pour la personne elle-même, qui avait seule le droit de disposer des

______

(1) Sur ce dernier point, voir notre première étude, *passim.*

épreuves et à qui d'ailleurs la planche était remise, ces groupes comprennent quelques portraits d'édition, ordinairement d'un format plus grand que celui des véritables physionotraces (in-8° ou in-4° au maximum). Par portraits d'édition nous entendons ceux, dessinés ou non d'après nature, que l'artiste fit soit pour servir de frontispice à un livre, soit simplement pour être vendus chez lui comme articles de magasin, au même titre que son papier à calquer (son papier-glace), ses pains à cacheter et ses pierres lithographiques françaises dont il a été parlé dans l'étude précédente.

Où trouver suffisamment de ces estampes pour pouvoir se former sur elles et sur leur signataire une opinion d'ensemble ? Quel aspect, quelles particularités, quel intérêt artistique et documentaire offrent ces petits portraits ? Comment savoir quels en furent les vrais modèles vivants ? Voilà les principales questions auxquelles nous nous proposons de répondre dans les chapitres qui vont suivre, avec le désir que les amateurs de gravures et d'histoire, soucieux d'exactitude, y trouvent assez de renseignements utiles pour que leur satisfaction soit notre récompense (1).

---

(1) A propos des articles offerts à sa clientèle, notons encore ici que Quenedey accueillait à l'occasion, près des siennes, certaines productions de ses amis, qui n'avaient pas comme lui boutique sur rue. Les journaux du temps en signalent quelques-unes dans leurs annonces. Relevons comme exemples :

1° Le « Portrait de Charlotte Corday, condamnée à mort par le tribunal révolutionnaire, pour avoir assassiné Marat, l'Ami du Peuple, peint par Brard et gravé par Roy,.... » dans *La Quotidienne* (N° du 28 août l'an IIe [1793]) ;

2° Le « Portrait de Kosciusko, célèbre général, faisant la révolution de Pologne, dessiné d'après nature, en 1793, au physionotrace, par Quenedey,... » (gravure de Delanaux, dont la composition ne doit pas être confondue avec le simple physionotrace auquel la figure avait été empruntée) et le « Voyage à Cythère, gravé d'après Mallet [peut-être aussi par Delanaux] », dans le *Moniteur universel* (N° du 18 vendémiaire an III [ou du 9 oct. 1794]).

Ces estampes se vendaient alors, en 1793 et en 1794, « chez Quenedey, *rue Croix-des-Petits-Champs, n°s 10 et 81* », d'après ces feuilles. Ce sont de semblables réclames qui nous ont permis le plus souvent de déterminer les séjours de l'artiste aux différentes adresses inscrites sur ses portraits, séjours dont nous aurons à faire état : cela dit, une fois pour toutes, nous ne citerons plus par la suite que les avis de ce genre d'un intérêt particulier.

I

Les grandes collections de Portraits de Quenedey

C'est, annoncions-nous à la fin du récit de sa vie, sur une documentation rassemblée en compulsant avec soin les principales collections publiques et plusieurs importantes collections privées de portraits de Quenedey que s'appuieront nos explications relatives à son œuvre.

Disons donc, pour entrer en matière, quelles sont ces collections et comment elles ont été formées.

La plus considérable est celle du cabinet des estampes de la Bibliothèque nationale. Elle renferme actuellement environ deux mille huit cents portraits, répartis dans vingt-huit albums. Les sept premiers ne contiennent que des portraits anonymes, d'hommes pour la plupart (soit cinq albums et demi sur sept). Dans les vingt-et-un suivants sont classés alphabétiquement tous les portraits masculins ou féminins portant un nom gravé ou écrit à la main sur l'épreuve, ou même rapporté tout bonnement au crayon en haut de la feuille qui soutient l'estampe. Point n'est besoin d'ajouter que, dans de telles inscriptions manuscrites, il ne faut voir qu'un brevet d'identification délivré sous la réserve d'usage : s. g. d. g. (sans garantie du gouvernement) ; on ne le croit cependant pas toujours.

Ces 2.800 portraits ne constituent qu'une partie de la production de l'artiste : la majeure partie sans doute. Faute surtout de connaître la quantité approximative de physionotraces qu'il fit à Hambourg pendant les cinq années de son séjour dans cette ville, on ne peut toutefois préciser davantage la proportion que représente dans l'ensemble de l'œuvre de Quenedey cette imposante et instructive réunion. Hormis l'époque du Directoire qui fut celle de son éloignement de Paris, de son « voyage à l'étranger », à la vérité de son émigration, toutes les périodes de notre histoire qu'il traversa durant son existence, depuis la fin de l'Ancien régime jusqu'aux derniers jours de la Monarchie restaurée, y comptent en effet d'abondants spécimens de ses ouvrages.

Vient ensuite la collection du cabinet des estampes du Musée Carnavalet, avec six cents portraits environ de ces différentes périodes, contenus dans cinq cartons. Ils y sont aussi rangés d'après l'ordre des noms, sauf dans le cinquième carton qui comprend les anonymes, classés suivant une idée plus heureuse par époques historiques (Révolution, Consulat et Empire, Restauration) sous sept dossiers : trois pour les hommes en habit civil, un autre pour les militaires ou les fonctionnaires en costume officiel et les trois derniers pour le beau sexe.

Une place est à faire à côté des précédentes, pour le choix de ses épreuves, à la collection de la Bibliothèque d'art et d'archéologie. Elle groupe environ deux cent cinquante physionotraces de Quenedey, dénommés ou non, des divers temps aussi.

Telles sont les collections d'établissements publics parisiens que nous avons pu dépouiller à loisir. Les deux dernières possèdent chacune quelques portraits qu'on chercherait en vain dans la première ou dans l'autre d'entre elles.

Des collections particulières que leurs possesseurs, avec une obligeance dont nous ne saurions trop les remercier tous, ont bien voulu nous permettre d'examiner, nous ne citerons ici, parce que nous y sommes autorisés, que la collection personnelle de M. Mas, également mise à contribution par nous. Elle n'est pas loin d'égaler en importance numérique l'ampleur de celle de la Bibliothèque nationale. Comme dans cette dernière et comme dans celle du Musée Carnavalet l'ordre nominatif y est suivi pour ses trois grandes catégories : Hommes en costume civil, Femmes, Militaires ou Fonctionnaires en uniforme. Les anonymes sont rassemblés en tête de chaque catégorie ; celle des Hommes prélude par un groupe de Musiciens. Autant que nous avons pu nous en rendre compte, un nombre appréciable de physionotraces de Quenedey qu'on ne trouve pas dans les albums de la Bibliothèque nationale se rencontrent dans les cartons de M. Mas, où toutes les époques sont de même largement représentées.

Notons en passant qu'il n'existe, à notre connaissance, que des collections assez minces d'ouvrages de Chrétien et de son successeur Bouchardy, autres profileurs de la même école.

De Chrétien, qui pourtant en fit un nombre considérable (jusqu'à sa mort en 1811), la Bibliothèque nationale ne conserve sous son nom dans un unique recueil que quatre-vingts portraits environ, tant d'après les dessins de Fouquet ou de Fournier que d'après les siens propres. La plupart de ceux qu'il avait primitivement traduits d'après les dessins de Quenedey sont compris dans les vingt-huit albums de ce dernier ; c'est là que devrait surtout les chercher en l'état actuel des choses un auteur qui s'intéresserait tout spécialement à l'œuvre gravé du musicien versaillais.

La Bibliothèque d'art et d'archéologie est plus riche. Elle comprend environ trois cent cinquante estampes de Chrétien sur lesquelles ne figure pas le nom de Quenedey dessinateur. Il ne nous a point été donné de voir dans une collection particulière un groupe plus important d'épreuves analogues.

Moins fécond que son prédécesseur et surtout que Quenedey, Bouchardy n'est représenté — à la Bibliothèque nationale seulement — que par un album renfermant soixante-quinze de ses profils (1).

✱✱

Cela dit, il n'est pas sans intérêt d'indiquer et d'expliquer l'origine principale des grandes réunions d'ouvrages de notre portraitiste, si supérieures en nombre à celles de ses émules.

Edme Quenedey n'avait eu que deux filles : Adèle et Aglaé. Elles apprirent de lui à peindre ou à graver. Aglaé, la cadette, fut surtout son élève ; restée célibataire, elle devint sa collaboratrice et fit des portraits du genre des siens, dont il reste quelques-uns. Du mariage d'Adèle avec un ingénieur, M. Bailly, naquit une fille qui par la suite épousa M. Paulin Richard, conservateur à la Bibliothèque nationale.

---

(1) Voici les cotes sous lesquelles sont catalogués à la Bibliothèque nationale, les albums de ces divers artistes : Œuvre de Quenedey : Dc, 65 b¹ à 65 b⁸⁸ — de Chrétien : Dc, 65 c — de Bouchardy : Dc, 65 d. Chose assez singulière, tous trois sont ainsi rangés pour leur œuvre gravé, parmi les peintres (série D) — et ce serait « plus à cause des résultats, que pour les tendances » [??] (H. Bouchot. *Le Cabinet des Estampes*, p. 32) — alors que Saint-Mémin, portraitiste du même genre que les précédents, qui ne travailla qu'en Amérique, est classé judicieusement parmi les graveurs, sous la cote Ef, 153 a.

Beaucoup de portraits de Quenedey, de Chrétien et de Bouchardy sont en outre épars, sous le nom du personnage réel ou supposé qu'ils représentent, dans les très nombreux albums de la collection générale des portraits de cette bibliothèque (série Ne). Nous en avons vus là quelques-uns qui ne figurent pas dans les albums spéciaux : ceux de Mirabeau et de Mᵐᵉ Tallien (?) notamment, dont nous aurons l'occasion de parler au cours de cette étude.

Quant aux portraits faits aux Etats-Unis par Saint-Mémin et son aide Valdenuit nous y reviendrons à l'Appendice.

Tout cela a déjà été plus amplement exposé dans la partie biographique.

En 1830, à la mort de Quenedey, veuf depuis quelques années, Aglaé et Mme Bailly se partagèrent les souvenirs de leur père, entre autres naturellement ceux qui pouvaient leur rappeler l'activité principale et préférée de toute sa vie, ses physionotraces, profils de ses clients de quarante années, figures dont pour beaucoup l'une ou l'autre se souvenait d'avoir vu dans le magasin de vente et dans l'atelier familial de la rue Neuve-des-Petits-Champs les vivantes expressions.

Aussi bien qu'eussent-elles pu faire d'autre alors de ce stock, sinon se le répartir ou l'envoyer au pilon ?

Composé d'épreuves d'essai, d'épreuves avant la lettre, d'épreuves en « états » différents, d'épreuves tirées en surnombre ou laissées pour compte, etc..., tout ce « fond de boutique » n'était pas marchandise qui pût être cédée à prix d'argent tant que les modèles ou leurs descendants immédiats existaient peut-être encore. Ces images se distinguaient des autres articles du fonds de commerce dont la propriété passait normalement dans la succession ; elles n'appartenaient qu'à l'auteur ou aux clients pour qui elles avaient été faites. Leur conservation partagée entre les enfants de l'artiste était donc, au lendemain de son trépas, la seule solution pratique à adopter à l'égard d'une réunion d'ouvrages de cette sorte, à la destruction desquels on conçoit sans peine que la piété filiale ne se soit pas volontiers résolue (1).

---

(1) Dans ce stock se trouvaient encore comprises les épreuves datant des premières années du physionotrace, quand Chrétien gravait les dessins de Quenedey. Cela s'explique par le fait que ce dernier tenait alors leur magasin de vente ; c'est avec lui seul que la clientèle avait affaire à Paris. De Versailles, Chrétien envoyait à son associé planche et épreuves. Peut-être même Quenedey faisait-il personnellement le tirage de celles-ci suivant la commande reçue par lui ou suivant les modifications de commande. Les épreuves en excédent restaient chez lui par conséquent. Voilà pourquoi tant de ces gravures de Chrétien, venues de chez Quenedey, comme on va le voir, se trouvent dans les albums de celui-ci.

Il semble, à l'inverse, que dans ses rapports avec Fouquet ou avec Fournier, Chrétien se soit réservé le rôle de commerçant et que ces dessinateurs aient été des opérateurs à sa solde, tandis que lui-même, comme graveur, avait tout d'abord travaillé pour le compte de Quenedey, dessinateur.

Tout cela nous paraît résulter assez clairement, d'une part, de cette

A en avoir entendu parler souvent par les deux sœurs, à en avoir feuilleté tant et tant chez sa belle-mère (Mme Bailly-Quenedey) ou chez sa tante par alliance (la « tante Aglaé », morte en 1850, dont le lot de physionotraces paternels et personnels lui échut vraisemblablement en héritage), M. Paulin Richard, le bibliothécaire, s'était intéressé aux petits portraits du grand' père de sa femme et à ceux de son concurrent.

De ce moment il avait commencé à rassembler sur la vie et sur les travaux des deux anciens associés les souvenirs oraux, les extraits de diverses publications, les documents éparpillés dans des papiers de famille, d'après lesquels Renouvier — lui-même le dit — rédigea les articles consacrés à Quenedey et à Chrétien dans son *Histoire de l'art sous la Révolution* parue en 1863, premières notices un peu circonstanciées qui aient été publiées sur l'œuvre de ces graveurs, dont des ouvrages postérieurs n'ont guère fait que reproduire les données.

C'est chez M. Richard que cet historien put voir la plupart des physionotraces énumérés dans ses articles, qu'il put aussi parcourir les listes nominatives de portraits de Quenedey auxquelles il a fait allusion et même emprunté quelques citations : listes que l'obligeant conservateur de la Bibliothèque nationale avait d'ailleurs eu l'occasion de montrer également à plusieurs amateurs de gravures, aux frères de Goncourt, au collectionneur iconographe Soliman Lieutaud et à l'expert Vignères, grand marchand d'estampes, notamment. Cet utile répertoire, mis à la disposition des curieux dans sa teneur intégrale depuis 1892 seulement, grâce à l'*Intermédiaire des Chercheurs*, fera plus loin l'objet de tout un paragraphe.

---

phrase, extraite de la lettre insérée dans le *Journal de Paris* du 24 décembre 1789, où Chrétien dit : « Ayant gravé tous les portraits de « M. Quenedey jusqu'au 18 août dernier *et n'ayant renoncé à ce « faible et unique avantage que je tirais de ma découverte,* que lors-« qu'il se présuma assez sûr de mes procédés pour opérer seul, je me « suis occupé depuis... etc. » ; d'autre part, d'une facture de client acquittée le 3 mai 1792, au temps de l'association Chrétien-Fouquet, par Fouquet peut-être, en ces termes : « Reçu *pour Chrétien* des « mains de M. de Leutre : gravure, 36 l. + 50 épreuves (en noir), 3 l. « + 50 rouges, 5 l. + 6 coloriées, 18 l. + dessin au crayon, de gran-« deur naturelle, 12 l. + un quadre oval, 8 l. ; (total) : 82 livres ». (En fac-similé, dans le *Vieux papier*, n° du 1-7-1910, p. 64). [*Reprendre en haut de cette page : A en avoir entendu, etc...*]

Peu de temps après le décès de M. Paulin Richard, vers l'année 1873, au cours de laquelle mourut, à l'âge de 83 ans, sa belle-mère Mme Bailly, dernière fille de Quenedey, les descendants de celui-ci n'appartenant plus à une génération qui l'avait connu vivant, encombrés peut-être de ce que nous avons appelé son fond de boutique, d'un résidu d'atelier immobilisé dans la famille depuis une quarantaine d'années, vendirent en bloc à Vignères tous les exemplaires de physionotraces provenant de leur bisaïeul, à l'exception d'une réunion assez importante qui fut encore conservée par une arrière-petite-fille du portraitiste ; Vignères avait toutefois fait comprendre dans son acquisition le manuscrit unique du catalogue nominatif précédemment signalé, dont la possession devait devenir aussi utile à son état de marchand qu'elle pouvait être chère à son âme de collectionneur.

Sans plus avoir à s'enquérir des épreuves inutilisées gisant peut-être au fond d'un tiroir de vieux meuble à côté de leur cuivre matriciel ou de celles qui par habitude demeuraient suspendues près de la glace au manteau d'une cheminée, se faisant pendant sous le verre épais de leur menu cadre de bois peint ou doré, dans les familles pour un membre éloigné desquelles ces portraits avaient été jadis exécutés, tout fureteur de curiosités put dès lors — le temps ayant fait œuvre suffisante de recul et d'oubli — se procurer comme objet d'agrément chez Vignères, rue de la Monnaie, près Saint-Germain-l'Auxerrois, telles ou telles de ces petites effigies d'hommes et de femmes, de ces images véridiques de gens du siècle passé inconnus de lui, indifférents à ses souvenirs... sauf dans le cas où, sur la foi d'indications « recueillies dans la famille de l'artiste », notre amateur avait emporté avec l'estampe la conviction qu'il venait, à plus ou moins bon compte, de s'offrir le profil d'un ancêtre de qualité.

En fait, l'expert et fameux marchand vendit-il beaucoup de portraits achetés aux descendants de Quenedey ? On peut en douter ; car, à part quelques-uns dont on retrouve assez difficilement des exemplaires, qu'il paraît avoir écoulé surtout dans les familles notables qui comptaient encore des représentants ou des tenants d'un nom illustré figurant au répertoire, il lui restait en magasin, à son propre décès, une quantité de ces portraits en épreuves multiples.

Lorsque ses héritiers mirent ses cartons d'estampes aux enchères, trois des différents lots de physionotraces, les principaux
apparemment, furent en effet acquis :

L'un (d'environ 1.800 portraits), par la Bibliothèque nationale;

L'autre (d'environ 600 portraits), par la Ville de Paris ;

Le dernier (d'environ 2.700 portraits, auxquels avait été joint
le « Catalogue »), par M. Albert Christophle, alors Gouverneur
du Crédit Foncier de France (1).

Le lot venant de la succession de Vignères qui échut à la
Bibliothèque nationale composa jusqu'en 1908 la collection des
physionotraces de Quenedey du cabinet des estampes de la rue
Richelieu. Depuis cette époque, ses albums se sont accrus de
1.047 portraits du même artiste, à la faveur d'une heureuse
acquisition négociée en juillet 1907 par feu M. François Cour-
boin, conservateur des Estampes à ce moment.

Or, ce millier de nouveaux physionotraces arrivait encore en
droite ligne du fond d'atelier de Quenedey. Il faisait partie de
la réunion qu'une de ses arrières-petites-filles, on l'a vu plus
haut, s'était réservée (2).

Dans ce groupe additionnel (reconnaissable au timbre :
Acquisition N° 7138-39) figurent, nous a-t-il paru, le plus grand
nombre d'exemplaires-types gardés dans la maison de l'artiste
à titre de référence pour ses rapports de clientèle, d'épreuves
sur lesquelles des mentions de nom ou de prix sont écrites à
l'encre ancienne, au crayon gras ou lithographique, quelquefois
par lui, le plus souvent par quelqu'un de son entourage. Ces
marques d'auteur, ces notations commerciales qui sentent leur
origine ont une valeur documentaire impossible à négliger.
Parmi nos renseignements, il se trouvera certaines précisions
qu'un examen spécial des pièces échantillonnées de la sorte
nous aura seul permis de formuler.

Le lot acheté à la vente Vignères par la Ville de Paris forme
maintenant la collection du Musée Carnavalet.

Quant à celui dont M. Christophle s'était rendu possesseur à
la même vente, il est venu peu de temps avant la dernière

---

(1) Œuvre d'Edme Quenedey (vente Vignères, en 1887) : réunion
de 2.673 pièces, 1.720 francs (Loys Delteil. *L'amateur d'estampes du*
xviiie *siècle*).

(2) Cet achat, provenant de Mlle Richard, comprit en outre les *Notes*
de son père et le dessin original de l'appareil du Physionotrace.

guerre, vers 1912, grossir une autre collection particulière déjà
riche de trouvailles et d'acquisitions antérieures. Le répertoire
des portraits de Quenedey ne l'y a cependant pas suivi ; après
avoir autorisé la publication de ce document, M. Christophle en
avait fait don à la Bibliothèque historique de la Ville de Paris
en 1892.

Somme toute, les grandes réunions de physionotraces du
portraitiste riceton que nous venons d'énumérer et que nous
avons inspectées avant d'entreprendre notre étude proviennent
soit en totalité, soit pour leur plus grande partie de la masse
d'épreuves en reliquat accumulée chez lui, à Paris, durant
trente-cinq ans, demeurée aux mains de ses enfants pendant
près d'un demi-siècle, puis emmagasinée et mise dans le commerce par Vignères, enfin dispersée à la mort de cet expert,
dont le nom restera marqué dans l'histoire commerciale de la
gravure au dix-neuvième siècle, comme le sont pour le siècle
précédent ceux de Mariette, de Basan ou de Huquier.

Ainsi s'explique qu'on rencontre dans ces collections autant
de spécimens de la production de l'artiste répartis suivant une
satisfaisante proportion entre toutes les époques de sa carrière,
exception faite pour le temps de sa fugue en Allemagne. Si
éclectique, si persévérant et si heureux qu'il ait pu être, un
même amateur ne serait point parvenu à constituer, en l'acqué-
rant pièce par pièce dans les familles, dans les ventes mobi-
lières habituelles ou chez d'ordinaires marchands d'estampes,
un ensemble d'épreuves entières aussi considérable et aussi
complet que celui de certaines de ces réunions.

Seule l'analyse d'une collection de l'importance et du genre
de celle de la Bibliothèque nationale ou d'une autre qui lui
soit comparable (celle de M. Mas par exemple) peut donc permettre de dégager les éléments caractéristiques de l'œuvre de
Quenedey et de l'exposer sous son véritable jour. L'examen de
deux ou trois centaines seulement de ses portraits, si bien qu'on
les ait choisis pour leur élégance ou pour leur variété de disposition ne pourrait conduire qu'à des inductions aventurées.

Après sept ans de gravure professionnelle, à qui Quenedey
avait-il confié, en 1796, avant de s'éloigner de Paris, sa réserve
d'estampes ? Fut-ce à son frère Vincent-Simon ou à quelque
ami ? Mystère. Toujours est-il qu'il les retrouva toutes à son

retour dans la capitale au début du Consulat ; le dépôt avait
été bien gardé.

On ne saurait par ailleurs être surpris que du temps où chez
nous Barras était roi, peu de physionotraces de notre artiste
fussent connus. Pendant la période du Directoire, retenu par
les lois révolutionnaires à l'étranger, il avait travaillé à Hambourg principalement. Son « voyage » terminé, revenant en
émigré, on ne sait par quelle route ni par quels moyens, la tête
un peu basse et le gousset mal garni sans doute, il ne s'était
évidemment pas embarrassé de son stock d'estampes hambourgeoises de cinq années. Mais comment liquida-t-il cet excédent
de bagages ? Qu'est devenu ce stock ?

Autre mystère que nous ne chercherons pas à percer avant
d'entrer dans le vif de notre sujet par l'étude de la forme que
revêtent ses portraits faits en France, de l'aspect sous lequel
s'offrent à la vue ceux que de 1788 à 1796 et de 1802 à 1829 il
aurait pu signer tous de la formule dont il usa parfois en latin
de sa cuisine : « *Quenedey fecit Parisiis* ».

II

LES PHYSIONOTRACES DE QUENEDEY

§ 1

**De la forme et de l'aspect des physionotraces de Quenedey
aux différentes époques de sa carrière. — Des modes
de facture et du mérite artistique de ces ouvrages.**

Les portraits au physionotrace (abstraction faite ici des portraits d'édition) de Quenedey et Chrétien, puis de Quenedey
seul, représentent d'ordinaire le modèle à mi-corps, en buste.
Exceptionnellement ils n'en rendent que la tête, tranchée au
cou à la manière des effigies en camée.

Les figures y sont presque toutes posées nettement de profil,
tantôt à droite, tantôt à gauche. Quelques-unes se montrent de
trois-quarts, fort peu se laissent voir entièrement de face ; au
demeurant, ces dernières sont plus souvent des réductions
exécutées d'après des originaux peints ou sculptés que des
images faites directement d'après nature.

C'est sous l'aspect d'un médaillon circulaire, du diamètre de
cinq, de six, parfois de sept centimètres que ces estampes se sont
maintenues le plus généralement et qu'on les rencontre par
conséquent en très grande majorité. Les médaillons de cinq

centimètres (exactement de cinquante-et-un millimètres) sont
les plus anciens ; ils correspondent à la mesure de dix-huit
lignes indiquée par les prospectus initiaux. Dans plusieurs
annonces, Quenedey emploie l'expression « grandeur de dessus
de boîte », pour marquer approximativement la dimension de
ses ouvrages d'après celle des bonbonnières, dans le couvercle
desquelles on pouvait les enchâsser.

Assez fréquemment — mais uniquement dans les premiers
temps et presque toujours pour des portraits féminins — le simple cercle (qui fait alors médaillon à fond blanc) n'a pas été
tracé. Le plus souvent, c'est pour ne pas emprisonner d'une
manière disgracieuse la taille élancée d'une jeune fille, la
coiffure pyramidale, le bonnet de dentelle démesuré ou le corsage particulièrement opulent d'une dame, ou bien encore le
tricorne gigantesque d'un militaire. En pareil cas, sur l'épreuve,
l'image se détache seulement dans le contour de la marque
creusée par la plaque sous l'action de la presse. Cette absence
de cercle ne nuit d'ailleurs pas à l'effet de certains portraits
mieux proportionnés que ceux auxquels nous venons de faire
allusion.

On trouve aussi quelques médaillons elliptiques, de grandeur
variable, à toutes les époques.

Au lieu de se découper, comme habituellement depuis la Révolution et comme encore le plus souvent jusqu'à la fin de l'Empire, sur un fond circulaire sombre et sans nulle bordure exté-
rieure, divers profils exécutés sous le Consulat apparaissent sur
un champ rectangulaire également foncé, garni parfois d'un
petit liséré formant un léger encadrement.

Par une combinaison des deux manières, dans la plupart des
portraits datés de la fin de la Restauration, le médaillon rond
ou ovale est renfermé dans un carré ou dans un rectangle, dont
les coins sont d'une teinte différente de celle du champ du
médaillon, tantôt plus claire, tantôt plus accentuée.

Il existe d'autres variétés de forme. Toutefois, les deux derniers aspects que nous venons de signaler peuvent être considérés, à défaut d'indication plus précise, comme caractéristiques
d'une époque de production.

Aucune ornementation superflue — le fait est à remarquer —
ne vient donc jamais surcharger l'estampe. Plus de cadre figuré
reposant sur un socle, plus de bordure épaisse à guirlandes de

fleurs ou à nœuds de rubans comme sur les portraits gravés jusqu'alors, grands ou petits. La figure est présentée aussi naturellement, aussi simplement que possible ; on dirait qu'à l'origine de ces images l'influence de l'école de David en peinture avait déjà réagi sur la gravure.

C'est par un cadre matériel que les physionotraces devaient être mis en valeur et, de fait, c'est dans leurs entourages du temps qu'il faut les voir pour les bien juger.

Au demeurant, dans les magasins des éditeurs, rue Croix-des-Petits-Champs, n° 10, chez Quenedey, ou « dans le cloître Saint-Honoré, au-dessus du passage, au deuxième », chez Chrétien, on trouvait à acheter de ces cadres appropriés : cela grossissait d'autant la facture du client et le chiffre d'affaires de la maison (1).

*
* *

Encerclées ou non, les figures des physionotraces ont été gravées au début, par Chrétien d'abord, par Quenedey ensuite à son exemple, sur des plaques de fer-blanc ou de zinc, puis de cuivre, légèrement rectangulaires, de six à sept centimètres de côté : d'une dimension qui ne dépassait donc guère celle du portrait lui-même, comme en fait foi l'enfonçure du métal dans le papier.

---

(1) Voyez, par exemple (*Supra*, page 10 à la fin de la note), la facture de M. de Leutre comprenant, entre autres fournitures, un « **quadre oval** » du prix de 8 livres, probablement pour son portrait au **crayon** de grandeur naturelle en ce qui concerne celui-là.

A l'égard des petits portraits gravés, le découpage de l'estampe suivant le contour du médaillon, pour un encadrement rond, faisait disparaître la signature et l'adresse du portraitiste. Aussi pour nombre de physionotraces retrouvés en épreuve découpée, sous leur ancien cadre ou sans celui-ci, ne peut-on plus souvent reconnaître si l'image est une gravure de Quenedey ou une gravure de Chrétien.

Sur quelques portraits de ce dernier, le médaillon est entouré d'un cercle un peu plus grand. Par cette disposition, l'artiste voulut peut-être protéger les inscriptions gravées entre les deux traits concentriques, en fournissant pour guide aux ciseaux de l'encadreur la ligne du second cercle. Cette forme de présentation est étrangère aux ouvrages de Quenedey ; sur ceux de Chrétien, on ne la trouve, assez rarement d'ailleurs, qu'à l'époque de la Révolution. Elle avait l'inconvénient d'alourdir l'estampe et n'était pas d'un heureux effet en encadrement carré.

La même empreinte révèle qu'à partir des dernières années
de l'Empire, les planches en cuivre prirent la forme d'un rectangle plus allongé qu'auparavant. Le portrait occupait la partie
supérieure, laissant sous son médaillon un espace libre assez
grand pour permettre d'y graver, immédiatement ou par la
suite, des inscriptions même un peu longues (1).

Les premiers physionotraces dus à la collaboration de Quenedey, dessinateur, et de Chrétien, graveur, sont exécutés d'une
touche légère, au trait à peine ombré. Chrétien accentua progressivement les effets d'ombre, en commençant par les plis
du vêtement ou les ondulations de la chevelure et ce furent bientôt des portraits gentiment nuancés que la clientèle reçut des
mains des deux artistes.

Il semble bien que ce soit Quenedey, devenu le graveur de ses
dessins à partir du mois de septembre 1789, qui, au champ précédemment laissé en blanc, ait commencé à substituer un fond
sombre, poussé graduellement jusqu'au noir du côté du visage,
pour donner, par un effet de contraste plus accusé, du relief à
ses profils. Cette forme de présentation devint le type de gravure pour portraits au physionotrace. Chrétien l'adopta dès le
début de sa nouvelle association avec le dessinateur Fouquet,
au commencement de 1790, et ne s'en départit plus.

Quelques médaillons à fond nuageux ou pommelé, qu'on
rencontre par occasion à la fin de l'Empire parmi ceux de Quenedey, sont à cet égard imités (selon le désir du client probablement, pour une raison de symétrie avec un pendant) de certains portraits du « successeur de Chrétien », de Bouchardy,
qui paraît avoir imaginé cette variante.

⁂

Les physionotraces se faisaient ordinairement en tirage d'une
seule couleur : en noir de façon courante ou, pour un peu plus
cher, en bistre et même en rouge pour des portraits d'homme ou
en bleu pour des portraits de femme.

On pouvait aussi se procurer des épreuves diversement coloriées à la main ; il en coûtait dans ce cas trois livres pour cha-

---

(1) Tout au début du physionotrace, avant que le procédé fût com-
mercialisé par Quenedey, on peut rencontrer des portraits gravés par
Chrétien sur plaque ronde ; mais ce sont des spécimens exceptionnels.

que épreuve sur papier ou douze livres sur vélin et vingt-quatre livres si l'on voulait cette épreuve « sur ivoire en miniature », disons plus exactement en imitation de miniature, car on sait que dans le genre de celle-ci la figure est toujours montrée de trois-quarts ou de face et non de profil comme elle l'était en règle générale pour les physionotraces.

Quelques clients qui ne regardaient pas au prix, dédaignant les épreuves aquarellées, allaient jusqu'au portrait « imprimé en couleurs », obtenu au moyen de plusieurs planches ou de plusieurs tirages effectués sur la même planche encrée « à la poupée ».

Les portraits de cette sorte sont rares, mais ils sont charmants. Dans une collection privée, nous avons pu admirer celui d'un anonyme habillé de ce drap aux larges rayures droites, si généralement porté en 1788 qu'au dire de Sébastien Mercier, dans son *Tableau de Paris,* « tout le monde ressemblait au zèbre du Jardin du Roi ». A la Bibliothèque nationale, le profil d'Hérault de Séchelles, jeune et élégant avocat général au Parlement, n'est pas moins remarquable dans ses deux états de teintes différentes ; celui du financier d'Arjuzon mérite aussi d'être cité (1).

Plus que ceux qu'on avait rehaussés d'aquarelle, les physionotraces imprimés en couleurs se rapprochaient de la miniature, sans cependant atteindre à sa hauteur et sans viser à la supplanter. Ni les uns ni les autres n'étaient d'ailleurs vendus pour

---

(1) Les prix rappelés ci-dessus sont ceux des premiers prospectus (juillet 1788). Par la suite, Quenedey et Chrétien de son côté eurent d'autres tarifs, sur la progression et les variations desquels nous n'avons pas trouvé assez de renseignements pour pouvoir en coordonner les indications (Voy. toutefois à ce sujet une lettre de Quenedey dans le *Journal de Paris* du 6 nov. 1788 et, dans le *Moniteur universel* du 17 juillet 1790, l'annonce concernant le portrait de l'acteur Larive).

— Le procédé de l'encrage « à la poupée », auquel nous avons fait allusion, c'est-à-dire le procédé qui consistait à appliquer les diverses couleurs, avant le tirage que chacune d'elles nécessitait, sur des parties différentes *de la même planche*, à l'aide d'un tampon (d'une *poupée*), dut être employé par les graveurs sous la Révolution, afin d'économiser le cuivre devenu rare et cher. Provisoirement ce procédé remplaça celui du tirage par planches repérées, qui, pour une même estampe, exigeait autant de plaques de métal que de couleurs à employer.

La cherté du cuivre est aussi la raison pour laquelle, comme on l'a vu, les plaques étaient à cette époque de moins grandes dimensions qu'elles ne le furent plus tard.

de la miniature à bon marché. Ces ouvrages étaient tout autre chose. Une de leurs originalités provenait de leur exécution en série ; c'est pour cette raison qu'ils répondaient au goût du jour et que la mode les avait si vite accueillis aussi bien en noir qu'en polychromie. Les personnages qui, comme Hérault de Séchelles ou M. d'Arjuzon, faisaient graver en couleurs leur portrait par Quenedey, étaient gens à pouvoir se l'offrir en véritable miniature par Vestier ou par Mme Cadet. Cette clientèle là recherchait les articles en vogue, elle ne guettait pas la marchandise au rabais.

Ce n'est pas seulement par la particularité d'une image ressemblante automatiquement obtenue, par leur caractère d'effigies intimes, par la quantité qui en fut faite sous les diverses formes dont nous avons parlé, que les physionotraces se recommandent à l'attention ; c'est aussi par la manière experte dont Quenedey et Chrétien surent traiter le métal et par les qualités intrinsèques de beaucoup de leurs petites estampes.

Les médaillons répandus dans les familles en suites considérables par ces deux artistes procèdent évidemment de ceux, d'une dimension un peu plus grande, déjà mis au jour en nombre assez restreint par des maîtres graveurs de leur époque, notamment par Augustin de Saint-Aubin et surtout par Nicolas Cochin (le jeune) qui avait trouvé ce type de portrait toujours de profil, imité du dessin de médailleur, d'un aspect habituellement dur et sec, auquel il avait su donner de l'allure et de la vie.

Néanmoins, les ouvrages des uns et des autres ne s'apparentent que d'assez loin ; ils ne sauraient être comparés en tous points.

Celui-ci déjà les séparerait. Cochin et de Saint-Aubin travaillaient seulement pour quelques amateurs. Quenedey et Chrétien opéraient pour le public. Leurs méthodes devaient donc différer, les premiers pouvant prendre leur temps avec des connaisseurs attitrés, les seconds s'engageant au contraire à servir dans le délai de quelques jours une clientèle qu'ils s'efforçaient de retenir et d'accroître, surtout quand leurs maisons furent devenues rivales.

Or, c'est merveille que ces derniers aient pu réussir aussi bien en travaillant aussi vite. Au temps de leur vogue, pendant leur belle période, des débuts de la Révolution à la fin de l'Empire, les physionotraces furent des productions d'une louable facture, dont la distinction témoigne en faveur de leurs auteurs d'une adresse manuelle qui confinait à la maîtrise.

L'action mécanique du physionotrace n'entrait en effet que pour peu de chose dans la confection de ces ouvrages. L'appareil intervenait pour tracer les linéaments du portrait initial et son rôle se bornait là. L'achèvement de ce portrait « grand comme nature », puis sa réduction en estampe, étaient le résultat d'un travail personnel dû au dessinateur d'abord, au graveur ensuite. L'instrument fournissait une esquisse, eux faisaient le reste, soit presque tout.

Sur les procédés de gravure adoptés tant par Chrétien que par Quenedey, il n'y a guère qu'un mot à dire. C'est, sans avoir à relever aucune originalité spéciale dans leurs modes d'exécution, que ces artistes, lorsqu'ils voulurent s'appliquer — car à côté d'œuvres pleines de charme où perce leur talent, on en rencontre qui sortent à peine de l'ordinaire — surent user avec une habileté particulière des moyens couramment employés de leur temps, de ceux de la roulette, du lavis ou de l'aquatinte le plus souvent.

A cette indication ajoutons deux remarques seulement. La première est que Chrétien paraît être resté supérieur à son émule ; ses estampes sont en général mieux traitées ; elles ont davantage de modelé, de fini. Quenedey, plus expéditif, s'en tenait à l'expression des masses ; il soignait moins les détails. Ce dernier, par contre — ce sera notre seconde observation — réussissait mieux la mise en plaque ; ses figures sont plus exactement centrées et ses médaillons offrent une régularité de proportions plus satisfaisante à l'œil qui leur vaut souvent aujourd'hui la préférence de l'acheteur en quête d'un simple objet de curiosité et d'agrément.

*
* *

Des critiques d'art aussi avertis que MM. Portalis et Béraldi ont pu écrire, à propos de Chrétien, que le succès des portraits au physionotrace s'explique par « l'air propret, coquet et intelligent qu'ils recevaient de la main du graveur ». Nous n'en disconvenons pas.

Il serait juste toutefois, à notre avis, de réserver dans la

rapide conquête de la faveur publique une part d'influence à
l'allure élégante que ces portraits — ceux de femmes notamment
— devaient au talent avec lequel le dessinateur avait tout
le premier reproduit l'agencement du costume et l'ordonnance
de la coiffure, les jours des dentelles et les boucles des cheveux
dans la plus complète collection qu'on puisse voir de colle-
rettes, de bonnets et de chapeaux, de catogans, de nattes et de
frisures de toutes sortes.

Bien qu'apparemment il n'ait pas montré autant de science
du dessin que Fouquet (son remplaçant près de Chrétien), nous
n'en sommes pas moins redevables à Quenedey de beaucoup de
portraits agréablement présentés.

Parmi les images au simple trait, des débuts du physionotrace
sous Louis XVI, il en est de curieuses et quant aux effigies féminines, de vraiment séduisantes. Le profil de Mme de Staël, distingué par Renouvier — peut-être pour l'habitude prise de voir
un grand homme en cette femme célèbre — n'est cependant
pas, selon nous, le plus bel exemple à donner ; celui de la déli-
cieuse Mme Melan, presque une inconnue, pourrait mieux convenir si l'on tenait à n'en citer qu'un seul des plus jolis.

Dans les estampes plus poussées en gravure se rapportant aux
années de la Révolution, celles que nous signalerions de préférence pour leur ligne intéressante seraient, outre le profil d'une
dame X..., exécuté en 1790 et plus d'une fois reproduit sous le
nom de la belle Mme Tallien, du Directoire, les portraits de
Mirabeau, d'Hérault de Séchelles, d'un M. de Saint-Germier, en
qui l'on croit reconnaître Saint-Just; enfin d'un M. Pinel de la
Taule, pris mal à propos pour l'un des Robespierre.

Mais où l'on trouve le plus de médaillons gravés d'après un
heureux crayon c'est, à ce qu'il nous a semblé, dans le groupe
important de ceux que Quenedey fit après son retour d'Allemagne, lorsque tout fiers des habits brodés dont le premier
consul avait étoffé leur emploi, ou des croix, des galons nouveaux gagnés par eux aux campagnes napoléoniennes, des fonctionnaires ou des officiers vinrent en nombre dans son atelier
de la rue Neuve-des-Petits-Champs lui demander un témoignage
patent de leur prestance sous l'uniforme, et quand passèrent
aussi chez lui maintes coquettes désireuses de répandre en
multiples exemplaires le souvenir de leur grâce, sinon la vision
de leurs charmes dans les décolletés des modes impériales.

Ensuite survinrent les événements de 1814 et de 1815 : la France changea de régime et bientôt Paris changea de goût. A l'Empire avait succédé la Restauration.

Tous les physionotraces de cette dernière époque ou presque tous sont de Quenedey. Chrétien mort, Bouchardy lassé ou disparu, lui seul en fit encore de 1820 à 1829. Nul ne contestera que dans cet intervalle ses portraits n'offrent plus le même agrément que ceux des périodes antérieures. Progressivement, on les voit devenir de moins en moins satisfaisants d'apparence et d'exécution. Dans les dernières années du règne de Louis XVIII et sous Charles X, le costume masculin autant que les toilettes féminines prêtaient d'ailleurs moins au dessin qu'à la caricature. Et puis, comme le genre d'images qu'il avait lancé en 1788, le vieil artiste avançait vers sa fin.

En juillet 1830, lorsque Louis-Philippe devint roi des Français, ni l'un ni l'autre n'existaient plus.

**

Telles sont, quant à la forme et quant à l'aspect des petits portraits édités par Quenedey pendant quarante ans, les impressions principales qui se dégagent du dépouillement des grandes collections de ses ouvrages, autant que nous avons pu en juger non sans peine.

La difficulté de se former une opinion tient au fait que ces innombrables portraits ne sont pas classés suivant l'ordre chronologique de confection — seul ordre raisonnable pour suivre un auteur dans son œuvre — mais, nous l'avons dit, par ordre alphabétique de dénomination, exacte ou supposée. Tous les Du Pont, tous les Le Fèvre, tous les Vincent sont là côte à côte de quelque temps que soit leur image ; et cela se renouvelle en rang de dictionnaire dans la longue suite des albums ou des cartons pour tous les personnages dénommés, au point que l'œil s'y perd à chaque instant et que l'attention s'égare sans cesse.

Comment grouper chronologiquement les physionotraces de Quenedey ? Comment à cette fin peut-on connaître avec une approximation suffisante les années d'exécution d'estampes similaires qui ne sont généralement pas datées ? En sachant utiliser les diverses inscriptions gravées sur le cuivre quand il en reste au moins quelque trace sur l'épreuve ou sur le fragment d'épreuve que l'on possède,

§ 2

Des inscriptions gravées sur les physionotraces de Quenedey. — De leur classement rationnel d'après ces inscriptions

Toute gravure de bon faiseur, toute estampe digne de ce nom s'accompagne en règle presque absolue dans son état définitif, d'inscriptions diverses : sujet de l'image, noms de ses auteurs, date d'exécution et parfois procédé de cette exécution. Les premières épreuves qui ne portent pas encore ces mentions sont, on le sait, dites « avant la lettre ».

Les physionotraces, petits ouvrages soignés, n'échappent pas à la règle que nous venons d'indiquer.

Sur ceux qui rentrent dans l'œuvre de Quenedey, quatre sortes d'inscriptions gravées peuvent se lire ; mais, ajoutons-le immédiatement, on ne les y trouve jamais toutes quatre réunies et, ce disant, nous ne parlons bien entendu que d'estampes complètement achevées, résultant d'un tirage fait sur la planche livrée au client ou prête à lui être remise, vues en épreuves entières. Le nombre, la nature et la teneur des inscriptions dont il s'agit ont en effet varié suivant les époques.

De ces quatre inscriptions distinctes, la première à signaler est la *cote numérique,* qui ne figure avec une continuité longtemps soutenue que sur les physionotraces du temps de la Révolution.

La seconde est celle que nous appellerons la *mention d'origine* (ou *de signature*), dont il y eut plusieurs formules mais que l'on rencontre sur toutes les épreuves avec l'une ou l'autre de ses rédactions.

Nous reparlerons assez longuement dans un instant de ces deux premières inscriptions.

La troisième est la *mention nominative* révélant le nom, parfois aussi la qualité, la fonction ou même l'âge de la personne représentée : inscription rare à toutes les époques, sur laquelle nous devrons revenir à propos de l'identification des physionotraces.

La quatrième enfin est la *référence de prix* qui n'apparait, disons mieux qui ne se laisse à peine entrevoir, tant elle est discrètement marquée dans l'angle inférieur droit de l'épreuve, qu'à partir de 1812. Elle se rapportait sans nul doute aux conditions faites au client lors de sa première commande et elle n'avait d'utilité particulière qu'aux yeux de l'artiste comme moyen mnémonique de comptabilité. Les prix rappelés par ces inscriptions microscopiques varient de 30 à 70 francs (1).

Nous ne retenons pas spécialement ici l'indication de la date d'exécution du portrait, parce que dans les cas (peu nombreux sous la Révolution, mais assez fréquents à partir du Consulat) où cette date est inscrite sur les médaillons de Quenedey, on la trouve ajoutée à la mention d'origine ou comprise dans la mention nominative. Elle ne fait jamais l'objet d'une mention distincte.

Peut-être aurions-nous pu créer une cinquième rubrique pour les *formules d'envoi*, les *dédicaces*, les *vers de circonstance*, les *devises* qu'on lit sur certaines épreuves de physionotraces, dont le libellé souligne d'ordinaire le caractère de présent d'amitié, de souvenir de famille, de don pieux qui s'attachait à la distribution de ces images. Mais il suffira, croyons-nous, de rapporter ici quelques exemples de ces adjonctions accessoires pour en donner une idée : « Priez Dieu pour moi », demandait un abbé ; « Acceptez, c'est sans conséquence », assurait une dame ; « Pour mes parents et mes amis » ou bien « Amicus, amicum, amicis », disaient des gens aimables ; « Fidelis moriar » (je mourrai fidèle), jurait un mari à l'adresse de sa femme ou plus probablement un ci-devant en mémoire de son roi.

Revenons aux deux sortes d'inscriptions les plus utiles à connaître pour l'instant : la « cote numérique », intéressante surtout pour l'époque de la Révolution et la « mention d'origine », instructive pendant toute la période d'exploitation du procédé du physionotrace par Quenedey.

A. — *De la cote numérique*

De 1788 à 1796, première étape de sa carrière de portraitiste, qui s'étend depuis l'année où il lança le genre des petites effigies familiales en estampes, jusqu'à celle où il s'expatria et dont le commencement fut le temps de sa plus grande vogue personnelle à Paris, Quenedey fit au physionotrace plus de dix-huit cents portraits.

---

(1) Leur indication se rencontre principalement sur les portraits des étrangers qui vinrent à Paris en grand nombre, à la fin de l'Empire et plus encore dans les premières années de la Restauration.

Ce nombre nous est connu grâce au soin que, dès le début de leur association, Chrétien et lui prirent — probablement afin de n'avoir pas à tenir entre eux des écritures plus compliquées — de numéroter leurs ouvrages ; grâce, en second lieu, à l'habitude que Quenedey conserva, quand ils se furent séparés, d'appliquer la suite de ce numérotage aux planches qu'il grava lui-même pour sa clientèle (1).

L'idée de ce classement statistique appartient selon toute vraisemblance à Quenedey, car plus tard nous le verrons par deux fois y revenir, au moins provisoirement, tandis que Chrétien ne la reprit jamais, ni pour sa comptabilité avec ses autres collaborateurs, ni pour sa propre curiosité.

A dire vrai, bien qu'en fait le résultat soit le même, ce n'est pas par l'emploi d'une numération continue et indéfinie, mais en usant d'un mode spécial d'étiquetage que nos artistes distinguèrent chronologiquement les portraits sortis de leurs ateliers, qu'ils les « matriculèrent » en quelque sorte suivant l'ordre d'exécution, pendant le temps de leur collaboration et que Quenedey distingua, matricula de même ensuite les portraits dont il était devenu l'unique auteur.

Ce sont, en effet, des « cotes », telles que : A 10, F 53, K 99 ou L 87 que l'on voit figurer d'ordinaire sur les physionotraces de la période de 1788 à 1796, cotes qui se lisent généralement à gauche, au-dessous du médaillon ou en bas de l'estampe. On peut cependant aussi, mais beaucoup plus rarement, ne trouver aux mêmes endroits sur celle-ci qu'un simple nombre : 19, 46 ou 92, par exemple, sans aucune lettre devant les chiffres.

Si claire qu'elle paraisse, cette notation a besoin d'être un peu expliquée.

Ainsi doit-on savoir qu'à chaque lettre correspond, d'après sa place alphabétique, un nouveau groupe de *cent portraits exactement* et que les figures numérotées sans lettre appartiennent, comme leur facture embryonnaire le révèle par ailleurs, à

---

(1) On a vu précédemment (en note, pp. 9 et 10) que Chrétien, pour ses travaux de gravure, était en compte avec Quenedey. S'ils avaient, comme on peut le croire, convenu d'un prix pour chaque planche exécutée, le calcul était facile à faire, à tout moment, suivant le numéro du dernier portrait livré, de la somme revenant à Chrétien, sans que ce dernier eût à se préoccuper de garder note des noms des clients : cela était l'affaire de Quenedey.

la toute première centaine de profils livrés à la clientèle par Quenedey et Chrétien associés.

Au début de la seconde centaine, l'un d'eux ayant jugé plus simple ou peut-être plus discret de substituer les formules A 1, A 2, A 3 aux nombres 101, 102, 103, ils adoptèrent successivement la même méthode de classification et c'est par les signes B 1, B 2,... B 100, C 1, C 2,... C 100 qu'ils marquèrent leur troisième, puis leur quatrième centaine de portraits, et ainsi de suite.

Livré à lui-même, Quenedey persévéra dans cette manière de faire. Après une courte interruption, on voit reparaître sur les planches de ses propres médaillons la série des cotes précédentes et l'on constate qu'il la poursuivit sans nouvelle solution de continuité jusqu'à son départ de Paris en l'an IV.

Il était alors parvenu à la cote R 27, c'est-à-dire au n° 1827.

A quelques unités près, ces 1827 portraits — au seul groupe desquels s'applique, indiquons-le dès à présent, le catalogue nominatif dont nous avons déjà parlé et dont nous reparlerons — représentent donc tous les profils que Quenedey avait dessinés et que, pour plus de la moitié, il avait aussi gravés pendant les huit années à peu près complètes qui s'étaient écoulées entre le mois de juillet 1788 et le mois d'avril 1796 ; années marquées les unes après les autres par les graves événements politiques et sociaux que l'on connaît : les Etats Généraux, la Révolution, les difficultés religieuses, la chute de la royauté, l'émigration, la guerre, la Terreur, la réaction thermidorienne, en fin de compte la République installée et la France agrandie des Pays-Bas, d'où par Bruxelles et par Gand, Quenedey pauvre et découragé s'en fut exploiter dans le grand port cosmopolite de Hambourg l' « article de Paris » qu'était encore le portrait de poche en estampes dessiné au physionotrace.

Au cours de ces temps agités, après la pleine vogue connue de 1788 à 1790, après un succès encore soutenu en 1791, notre artiste avait vu sa production décroître rapidement à partir du milieu de 1792 pour tomber fort bas en 1795, sous le contre-coup des secousses successives, des troubles, des inquiétudes et de la gêne générales, non moins que par le résultat de la concurrence faite à sa maison par l'établissement de son ancien associé, de telle sorte que l'ensemble des 1.827 portraits de cette première période se trouve très inégalement réparti entre les années qu'elle renferme (1).

⁂

Parti de Paris vers la fin de mars 1796, Quenedey ne séjourna tant à Bruxelles qu'à Gand, alors villes françaises, que quelques mois. L'idée ne lui vint pas d'y numéroter ses portraits ; du moins nous n'avons rencontré aucune cote sur ceux que nous avons vus signés de Bruxelles ; de Gand, nous n'en connaissons pas. Peut-être savait-il bien qu'il ne resterait pas longtemps dans les « départements réunis ». Son parti de gagner l'étranger était pris sans doute.

Dès son arrivée à Hambourg, il revint en effet — signe probable de l'intention qu'il avait d'y résider — à son système de cotes, d'abord *sans lettre*, comme à ses débuts avec Chrétien. Puis ?... Nous ne savons pas s'il continua avec des cotes alphabétiques ou si définitivement il abandonna son numérotage, n'ayant eu sous les yeux qu'un très petit nombre de portraits faits par lui en cette ville, dont le plus ancien porte (avec la date d'octobre 1796) le n° « 5 » et le plus récent le n° « 42 » (sans date).

Nous n'en dirons donc pas plus, et pour cause. Il nous aura suffi de signaler cette reprise au moins passagère d'un signe coutumier.

Elle ne fut pas la seule. La seconde se place sous l'Empire, alors que Quenedey était rentré en France depuis plus de six ans. Ce revenez-y fut de courte durée. Il se produisit à une époque dont toutes les grandes collections de ses ouvrages possèdent de nombreux spécimens ; or, parmi ces derniers, nous n'en avons rencontré que sept où cette marque se retrouve, dont cinq

---

(1) D'après les données d'un tableau qu'on trouvera plus loin (page 40), cette répartition s'établit approximativement ainsi :

De juillet 1788 au milieu d'août 1789, en collaboration avec Chrétien, 830 portraits ;

Ensuite, pour Quenedey travaillant seul : 420 portraits, du milieu d'août 1789 à la fin de décembre 1790 ; 250, en 1791 ; 113, en 1792 ; 87, en 1793 ; 56 de janvier 1794 à février 1795 ; enfin 71, pendant les dix autres mois de cette dernière année et le premier trimestre de la suivante, où pour lui, comme l'on voit, le métier n'allait plus.

sont datés de 1808 ; le n° 18, le plus élevé que nous ayons vu, est de ceux-là.

L'originalité de ce deuxième retour à la cote numérique consiste dans l'emploi fait cette fois par Quenedey, non seulement d'une lettre chiffrée comme sous la Révolution, mais d'une *double lettre*. Celle du commencement de l'alphabet : « AA », inscrite sur les portraits de 1808 que nous connaissons jusqu'à « AA 18 », indique clairement une intention nouvelle qui n'en était encore là qu'à ses premières manifestations.

Quenedey ne semble pas y avoir persisté jusqu'au point d'atteindre même les cotes AA 100 et BB 1.

Toujours est-il qu'en ouvrant pour son usage (la cote numérique n'était qu'une indication statistique sans intérêt pour le client) cette série à double lettre, notre artiste avait évidemment eu pour but d'éviter une confusion entre les portraits dont elle se composerait et ceux de l'ancienne série A 1-R 27, de faciliter le classement des épreuves de l'un et l'autre groupe gardées en dépôt chez lui.

Mais pour nous aujourd'hui qui manipulons ces mêmes épreuves après plus d'un siècle, qui les rangeons à notre façon, qui cherchons à savoir de quelles personnes vivant de son temps elles nous rendent les images, la rareté de cette cote à double lettre nous surprend et nous conduit au contraire, si l'on n'y prend garde, à des erreurs d'attribution, à des quiproquos.

En veut-on un exemple ?

« AA 15 », d'après le *Dictionnaire iconographique des Parisiens*, représente Vestris II, le « Diou de la danse », en pleine gloire chorégraphique en 1808, tandis que « A 15 », d'après le *Catalogue* nous montre sous son visage de 1788 M. Patu. En ce temps où, sur la scène de la Comédie française (devenue de nos jours celle de l'Odéon) l'on jouait encore quelquefois *Le Mariage de Figaro* de M. Caron de Beaumarchais, ce M. Patu occupait à Paris l'emploi de « payeur des rentes de l'Hôtel de ville », emploi de chiffres et de rapport dont les titulaires figuraient à l'*Almanach royal*. Or, il est telle collection, non la moins importante, où, par une mauvaise lecture de la cote, Vestris a été mis dans la place qui revenait à Patu : il y fallait un calculateur, ce fut un danseur qui l'obtint.

Anecdote racontée chemin faisant pour démontrer l'utilité de connaître et la nécessité d'examiner de très près les inscriptions gravées sur les estampes de physionotraces, si l'on veut écarter le risque de commettre des erreurs trop lourdes en bap-. tisant leurs personnages.

A cet égard, la « mention d'origine » qui va nous retenir un moment n'est pas moins fertile en enseignements.

B. — *De la mention d'origine ou de la signature*

Outre le soin qu'ils prirent, pour quelque raison d'utilité personnelle, d'étiqueter leurs premiers ouvrages, Quenedey et Chrétien ne manquèrent pas de les signer d'une manière qui en soulignât aux yeux de la clientèle le procédé spécial et nouveau d'exécution.

Une fois séparés et devenus concurrents, la pensée d'inscrire l'adresse de leurs ateliers respectifs fut, d'autre part, une précaution d'ordre commercial qui s'imposa d'elle-même à chacun d'eux.

Indépendamment de la cote, les physionotraces de Quenedey et Chrétien associés, puis ceux que Quenedey dessina et grava lui-même ensuite, portent donc toujours — sauf les exceptions nécessaires pour confirmer toute règle — une mention d'origine, une marque de fabrication écrite en caractères minuscules horizontalement en bas de l'estampe ou circulairement sous le médaillon (1).

La mention en question comporte de nombreuses variantes, surtout sur les portraits de l'époque révolutionnaire, c'est-à-dire sur ceux qui sont cotés de 1 à R 27.

Ces variantes résultent le plus souvent soit d'abréviations diverses, soit d'interversions des mêmes mots, soit de l'emploi

____

(1) Jusqu'en 1812 environ, l'inscription circulaire suivant de près le contour inférieur du médaillon est de règle. Au contraire, à partir de 1812, la règle est l'inscription horizontale, placée aussi bas que possible, quelle que soit la hauteur du cuivre. Pour les figures non encerclées des premières années (jusqu'en 1792), il va de soi que l'inscription est horizontale ; on la voit parfois sur deux lignes, à droite ou à gauche du dessin.

— Ce n'est pas seulement pour éviter qu'on confonde ses ouvrages avec ceux de son ancien associé, mais encore et surtout « avec les contrefaçons dont on empoisonne Paris et les départements », que « le nom de M. Quenedey sera écrit au bas de tous ses portraits », lit-on dans une réclame publiée par la *Gazette nationale* du 25 avril 1791 (Annonce du « Portrait de M. Mirabeau », au physionotrace, d'après un buste fait sur le masque moulé après sa mort).

d'une autre langue que le français (le latin, l'anglais ou l'allemand) ; elles n'ont de ce fait pas grande importance et l'établissement de leur liste complète serait sans utilité.

Il est plus intéressant de noter qu'en définitive la « mention d'origine ou de signature » se ramène presque toujours à l'une des cinq formules suivantes qu'il est bon de garder en mémoire parce que leur succession suit l'ordre chronologique et qu'elle permet de jalonner des intervalles.

Pour la période de 1788 à 1796, ces formules-types sont :

I° *Dessiné par Quenedey avec le physionotrace inventé par Chrétien* (en abrégé d'un emploi constant : *Dess. p. Q. av. le phys. inv. p. Ch.*) ;

II° *Dessiné par Quenedey, gravé par Chrétien, inventeur du physionotrace* (en abrégé : *Dess. p. Quenedey, gr. p. Chrétien, inv. du phys.*) ;

III° *Dess* (iné) *et gravé par Quenedey avec le phys* (ionotrace) *de Ch* (rétien) [*rue Croix-des-Petits-Champs n° 10 à Paris*], avec ou sans cette adresse ;

IV° *Dess* (iné) *et gravé avec le physionotrace par Quenedey, rue Croix-des-Petits-Champs n° 10 à Paris* — ou bien : (*même rue*) *n° 10 et 81* — ou bien : *cour des Fontaines n° 1111 au Palais-Royal* (ou : *au ci-devant Palais-Royal,* ou : *au Palais-Egalité*) *à Paris,* suivant les différentes adresses de l'auteur en ce temps (1).

---

(1) Une courte formule sans adresse : « *Fait au physionotrace par Quenedey* » (ou bien, en variantes latines : « *Quenedey fecit* » ou « *Quenedey del*(ineavit) *et sculp*(sit) »), mérite d'être signalée à l'époque de la formule IV. On la trouve parfois isolément, mais elle apparaît sur plusieurs portaits consécutifs quand l'artiste est en instance de déménagement : la raison est facile à saisir.

Un mot, en passant, sur les inscriptions en langue étrangère, dont nous avons dit qu'on rencontre aussi des cas. Bien qu'elle soit d'une date postérieure à l'emploi de la formule IV, citons celle-ci : « *Drawn with the Physionotrace and engraved by Kenedy, n° 15 rue Neuve-des-Petits-Champs à Paris. 1815* ». Point n'est besoin d'être grand clerc pour déduire de sa présence sous un portrait, que la figure est celle d'un client venu d'outre-mer. N'empêche que nous l'avons trouvée, dans une grande collection, sur une estampe portant, comme référence, le nom du conventionnel Rabaut-Pomier ; or celui-ci était si bien fixé à Paris en 1815, qu'il en fut banni l'année suivante ! Pourquoi lui eût-on parlé anglais ? Mais, n'anticipons pas sur le paragraphe relatif aux identifications. Nous n'avons voulu donner ici qu'un exemple de mention d'origine libellée d'une manière anormale.

Pour la période de 1796 à 1829, une seule formule-type est à enregistrer ; celle-ci :

V° *Dess* (iné) *au physionotrace et gravé par Quenedey, etc...* (*à diverses adresses nouvelles*).

Nous reviendrons sur cette dernière mention le moment venu ; tenons-nous en quant à présent à celles du temps de la Révolution, c'est-à-dire au groupe des quatre premières.

Les formules I et II : « Dess. par Qd. avec le physionotrace inventé par Ch. » et « Dess. par Qd. gravé par Ch., inv' du physionotrace », correspondent à l'époque où Quenedey et Chrétien travaillaient de compagnie. La première est employée jusqu'à la cote F 43, la seconde de F 44 à H 30 environ.

Sur les estampes, *elles sont toujours de la main de Chrétien*, dont la graphie est très reconnaissable pour tout œil un peu familiarisé avec l'écriture des deux auteurs du portrait. Et cela va de soi puisqu'alors des deux, c'est lui — Chrétien — qui était le graveur. En se révélant comme tel au public dans la seconde formule, il tint encore (on sait que se sera la préoccupation de toute sa vie) à bien établir qu'il était l'inventeur de l'instrument employé pour obtenir la ressemblance du modèle. Aussi peut-on garantir que ces deux mentions du début sont de son cru comme elles sont de sa main (1).

Avec la formule III tout change. L'écriture n'est plus la même et la rédaction prend une forme qui ne laisse aucun doute sur le pas franchi : « Dessiné et gravé par Quenedey... », porte-t-elle.

Une phase nouvelle s'ouvre donc ; avec elle on entre dans la partie de l'œuvre du portraitiste riceton qui lui est rigoureusement personnelle, dans celle où il devient pour le restant de son existence le graveur de ses propres dessins et qui doit en conséquence nous intéresser principalement.

Cette phase commence exactement le 19 août 1789. Ne lit-on pas, en effet, dans une lettre publiée par le *Journal de Paris* du 24 décembre 1789, lettre émanant de Chrétien lui-même, qu'il avait « gravé tous les portraits de M. Quenedey jusqu'au 18 août

---

(1) La seconde est celle que Chrétien reprendra, on y ajoutant ses diverses adresses et qu'il conservera toujours, soit avec ses nouveaux collaborateurs : « *Dess. par Fouquet* (ou : *par Fournier*), *gravé par Chrétien, inv. du physionotrace, etc...* », soit seul : « *Dess. et gravé par Chrétien, inv. du phys., etc...* ». Pour reconnaître son écriture, voy. *infra*, p. 76 (portrait et note).

de cette année ». Or le dernier sur lequel nous ayons pu trouver la formule II : « Dessiné par Quenedey, *gravé par Chrétien...* », écrite de la main de Chrétien, porte la cote « H 27 ». Peut-être la même inscription figure-t-elle encore sur les deux ou trois portraits suivants, mais « H 31 » est au moins le premier qui soit donné comme gravé par Quenedey.

Ce solide jalon planté, disons que la formule III marque la transition entre le moment où Quenedey et Chrétien cessèrent leur collaboration et celui où ils commencèrent à se faire concurrence. Cet intervalle s'étend du milieu d'août aux derniers jours de l'an 1789, Chrétien ayant publiquement annoncé sa nouvelle association avec le miniaturiste Fouquet par la lettre précitée du 24 décembre.

Dans cette période pendant laquelle Chrétien avait laissé le champ libre à Quenedey, après l'avoir jugé « assez sûr de ses procédés pour opérer seul », pendant laquelle en somme il lui avait passé la main, le rendant maître de la place, aucune raison n'existait pour notre portraitiste de ne pas donner à son associé de la veille la satisfaction de voir leurs deux noms cités comme précédemment sur les portraits du genre qu'ils faisaient naguère ensemble. Celui-ci trouva pour cela une formule nouvelle imposée par le nouvel état de choses, mais dans laquelle encore — rendant à César ce qui est à César — il reconnaissait au créateur de l'appareil la paternité de son invention : « Dess (iné) et gravé par Quenedey *avec le phys (ionotrace) de Ch (rétien)* » dit en effet cette formule, augmentée *parfois* de l'adresse de l'artiste : « rue Croix-des-Petits-Champs, n° 10 à Paris », dont l'indication particulière n'avait plus aucune raison de déplaire à son ancien collaborateur de Versailles (1).

Pourquoi, pendant les quatre mois et demi durant lesquels il fut le seul éditeur notoire de portraits au physionotrace, Quenedey omit-il de graver sur ses planches des cotes ? Pourquoi entre H 30 et i 20 les estampes sur lesquelles nous avons rencontré les exemples de la formule III (et d'ailleurs aussi quelques autres mentions d'origine rédigées différemment) ne portaient-elles jamais que des cotes manuscrites ? Nous ne saurions répon-

____

(1) L'adoption et l'emploi, par Quenedey, de cette formule est une nouvelle preuve — à ajouter à celles déjà fournies dans la partie biographique — de l'invraisemblance du grief qu'on lui a fait d'avoir contesté à Chrétien l'invention du Physionotrace.

dre de façon sûre à ces questions. La coupure existe : voilà le fait. Aucune exception n'est venue en détruire la matérialité malgré toutes nos recherches.

Sans perdre de temps à ce léger embarras de chemin, avançons.

Nous voici dans l'année 1790 ; la situation s'est modifiée. L'inventeur du Physionotrace a pris un autre associé, il s'est remis à la gravure de portraits et son nouvel établissement concurrencera bientôt celui que Quenedey dirigeait seul dans Paris depuis le milieu d'août 1789.

Ce dernier va-t-il conserver sur ses ouvrages la même formule qu'auparavant ? Le nom de l'appareil est bon à maintenir sans doute ; il marque une spécialité, il sert d'enseigne : passe pour lui. Mais le nom de l'inventeur, Quenedey le conservera-t-il aussi ? Va-t-il entretenir sur ses propres estampes au profit de ce compétiteur inattendu une réclame pouvant prêter à confusion ? Cela ne se fût plus appelé de la bonté d'âme.

Alors naquit la formule IV : « Dessiné et gravé au physionotrace par Quenedey, rue... n°... à Paris », formule distincte de la précédente en ce qu'il n'y est plus du tout question de Chrétien et que l'adjonction d'une adresse complète devient de règle absolue. Seules les modifications de cette adresse la nuanceront pendant six ans.

Malgré quelques cas d'emploi de cette quatrième formule épars à la fin de 1789 dans le groupe H 30-i 20 aux cotes manuscrites, c'est avec le portrait i 21, le premier sur lequel on voit la cote reparaître en gravure, qu'on peut la considérer comme définitivement adoptée, au début de l'an 1790.

Elle se soutient en effet sans changement avec l'adresse : « rue Croix-des-Petits-Champs n° 10 » jusqu'au portrait P 14, à partir duquel apparaît en décembre 1792 ou en janvier 1793 l'indication des deux numéros de cette même rue « 10 et 81 ». Le n° 81 était vraisemblablement celui d'un atelier ou d'une boutique que Quenedey avait dû louer pour donner dans l'appartement qu'il occupait au n° 10 du large à sa famille augmentée depuis le mois de mars 1792 d'une seconde fille : la jeune Aglaé.

Quelles raisons l'amenèrent ensuite à se transporter au n° 1111 de la cour des Fontaines (aujourd'hui cour de Valois) près du Palais-Royal, ou plutôt alors du « ci-devant Palais-

Royal » qu'on appelait encore aussi le « Palais-Egalité » ? Nous les ignorons. Mais nous pouvons préciser la date à laquelle l'artiste vint s'établir dans cette cour, grâce à deux réclames insérées à sa demande dans les numéros de la *Gazette nationale* ou *Moniteur universel* des 23 nivôse et 24 pluviôse an III (12 janvier et 12 février 1795), où ce changement de domicile est annoncé « pour bientôt ». On peut en conséquence estimer qu'il était chose faite en mars 1795. Or, après un peu de flottement, c'est à partir de la cote Q 56 que l'on voit la mention de cette nouvelle adresse prendre de la fixité, puis persister sur les estampes presque jusqu'au dernier portrait (R 27) que Quenedey fit avant de s'éloigner de Paris un an plus tard.

Celui-ci sortit donc alors de la cour des Fontaines pour aller au bureau des messageries nationales prendre place dans la diligence des Flandres.

*
* *

De ce moment, en continuant à suivre notre artiste dans sa carrière, nous n'allons plus être guidés comme dans l'étape que nous venons de parcourir (1788-1796) par une longue chaîne de cotes numériques ; nous savons qu'on ne retrouve plus de celles-ci que pendant un court moment à deux reprises espacées.

Aussi bien pouvons-nous aisément nous en passer pour la dernière mention d'origine dont nous ayons à parler, car la formule de cette inscription (formule V) employée jusqu'à la mort de Quenedey est d'un type unique ne comportant que des variantes d'adresse, savoir :

Dessiné au (ou : *avec le*) *physionotrace et gravé par Quenedey, à Bruxelles* — ou bien : *à Hambourg* — ou bien enfin : *à Paris, rue Neuve-des-Petits-Champs, n° 1284 ou n° 15.*

On voit que cette formule maintenue en service pendant plus de trente-quatre ans a pris naissance dans la première ville où l'artiste s'était arrêté en quittant Paris.

Il ne nous est passé sous les yeux qu'un petit nombre de ses médaillons exécutés dans le chef-lieu de notre département de la Dyle : en tout, une quinzaine de portraits de gens de Bruxelles.

C'est peu pour une fois, sais-tu.

Sans doute. Ce fut assez cependant pour avoir pu, à côté de ceux où se trouvait reproduite la formule habituelle (for-

mule IV : Dessiné et gravé avec le physionotrace par Quenedey),
rencontrer au moins un profil, celui de « M. Cheisbarre », qui
fût porteur de la formule nouvelle : « Dessiné avec le physionotrace et gravé par Quenedey... », où trois mots sont seulement
changés de place.

Quel Bruxellois d'un esprit plus précis que celui de notre
Riceton apprit à ce dernier, après avoir observé en posant
devant le Physionotrace le fonctionnement de l'appareil, à tra-
duire avec exactitude les deux opérations que comportait la
confection de ses portraits ? Fut-ce M. Cheisbarre ou bien
quelque autre de ses concitoyens qui lui fit remarquer qu'il
se servait de sa machine pour dessiner et non pour graver ?
Nous ne savons ; mais l'observation était si judicieuse que Quenedey ne manqua pas d'en faire son profit et qu'il s'exprima
désormais congrument, au moins en français.

Avec lui quittons maintenant Bruxelles, passons à Gand,
embarquons-nous à Anvers et par un voilier voguons jusqu'à
Hambourg.

On sait qu'il était arrivé dans cette ville dès avant la fin de
1796. La preuve en est fournie par le profil portant la cote « 5 »,
sur lequel nous relevons à titre de curiosité cette inscription :
« E. Quenedey Parisiensis cum Physionotrace del(ineavit) et
sculp(sit) Hamburg, d(en) 17 octob(er) 1796 ». Le modèle de ce
portrait, Herr « D. I. von Hüene », était sans doute un polyglotte
que même le langage macaronique ne pouvait désorienter.

Nous ne connaissons pas plus de figures hambourgeoises que
de visages flamands. Sur les quatorze en tout vues par nous
entre « 5 » et « 42 », sept (y compris celle de von Hüene) sont
accompagnées de la mention : « Dessiné au physionotrace et
gravé par Quenedey... ». Cela suffit pour montrer qu'à Hambourg l'emploi de ce libellé correct était sous sa pointe une habitude déjà prise.

Après plusieurs années, l'artiste la rapporta donc d'Allemagne
en France lorsqu'il y revint vers septembre 1801. Ce moment
nous est garanti par l'avertissement de son « retour de voyage »
et de son installation à Paris pour « s'y livrer à nouveau à la
gravure et à la peinture des portraits », paru dans le numéro
des *Affiches, annonces et avis divers* du 13 vendémiaire an X
(5 octobre 1801). A la fin de cette note, Quenedey informe le

public qu'il demeure — autre adresse à enchâsser dans la formule V — « rue Neuve-des-Petits-Champs, n° 1284 », vis-à-vis la Trésorerie nationale, explique-t-il de plus, et, ajoutons de nous-mêmes ceci, non loin de son ancienne rue Croix-des-Petits-Champs, avec laquelle il importe d'éviter une confusion de lecture.

Les épreuves de physionotraces portant (dans cette rue Neuve-des-Petits-Champs, où pendant tout le reste de ses jours il gardera le même logement) l'indication du « n° 1284 » sont de rencontre courante et souvent elles sont datées ; nous en avons vu des années 1802, 1803 et 1804.

Ensuite, chose assez singulière, nous n'avons pu découvrir aucune estampe sur laquelle figure expressément la date de 1805 ou celle de 1806. Et c'est un peu dommage ; on va voir pourquoi.

Sur les portraits postérieurs, souvent aussi datés derechef depuis 1807 jusqu'à 1829, une petite variante nouvelle — ce sera la dernière — se remarque en effet dans la mention d'origine : la rue reste la même, mais au lieu du « n° 1284 », c'est le « n° 15 » qu'on trouve indiqué.

Nous avons donné déjà dans la partie biographique la raison de cette légère modification d'adresse. Elle ne correspond pas à un nouveau changement de domicile ; elle provient seulement du nouveau numérotage des maisons de Paris, ordonné par le décret du 15 pluviôse an XIII (4 février 1805).

Les choses ne traînaient pas sous Napoléon I⁰ʳ. Encore fallait-il le temps de les faire. L'article premier du décret précité portait que cette opération devrait être effectuée dans les trois mois. Sa complète réalisation exigea un délai beaucoup plus long.

Passé février 1805, en quel mois du surplus de cette année et peut-être du courant de l'année suivante, Quenedey vit-il, à la porte de l'immeuble dans lequel il habitait depuis plus de trois ans, la rutilance d'un n° 15 tout neuf remplacer la vétuste grisaille de son ancien n° 1284 ? (1).

Les éléments nous font défaut pour répondre à cette question

---

(1) Lors du numérotage de 1805, les numéros pairs ne furent pas seulement alignés d'un côté de la rue et les numéros impairs de l'autre, comme ils le sont encore ; ces numéros furent de plus peints en rouge dans les rues parallèles à la Seine et en noir dans les rues perpendiculaires au fleuve.

d'une manière précise. *In medio stat virtus.* Le moyen terme semble donc être celui auquel il convient de s'arrêter. En fixant approximativement à l'expiration de l'an 1805 le passage de l'un à l'autre numéro, nous ne nous éloignerons guère sans doute de la vérité. On peut en conséquence, à notre avis, considérer tout physionotrace non daté, dont la mention d'origine porte l'adresse : rue Neuve-des-Petits-Champs, n° 1284, comme ayant été exécuté au plus tard au commencement de 1806 et, à l'inverse, tout physionotrace non daté où se lit le n° 15 de la même rue, comme remontant au plus tôt au second semestre de 1805 (1).

Pendant plus de vingt ans, Quenedey grava d'innombrables portraits à l'ombre de ce n° 15. Sa demeure n'en connut plus d'autre et c'est de l'immeuble ainsi marqué, devant la grille de la Bibliothèque royale, que les restes du vieil artiste, décédé dans sa soixante-quatorzième année, furent conduits au cimetière au milieu de janvier 1830 par ses enfants : Mlle Aglaé Quenedey, M. et Mme Bailly et leur fille, future dame Paulin Richard.

Par les longues explications qui précèdent — trop longues peut-être, pour n'avoir voulu laisser sans justification aucune de nos assertions — le lecteur se sera, nous l'espérons, convaincu de l'importance de tous les détails des inscriptions qui accompagnent les physionotraces pour déterminer l'époque de leur exécution, base essentielle d'un classement méthodique de ces estampes et d'un essai raisonné d'identification des personnages dont elles nous ont conservé les traits.

---

(1) Il existe un portrait (celui de Mme Dufrénoy) portant l'indication du n° 15 et la date de 1803. Cette mention manifestement boiteuse résulte soit d'une correction d'adresse, soit de l'adjonction d'une date approximative, l'une ou l'autre faite plus ou moins longtemps après l'exécution du portrait. Elle est un des exemples d'inexactitude d'une inscription gravée auxquels nous ferons allusion plus loin à propos des identifications.

C. — *Du classement chronologique : méthode à suivre et tableau synoptique*

Résumons-nous.

En somme — et ceci trouvera de nouveau son application plus loin — deux grandes catégories sont à établir dans l'œuvre de Quenedey.

Il y a lieu de distinguer pour le classement de ses portraits :

D'une part, ceux qui appartiennent à la *série cotée* (de 1 à R 27), exécutés par lui de juillet 1788 à mars 1796 ;

D'autre part, tous ceux qu'il fit ensuite depuis avril 1796 jusqu'à la fin de l'année 1829, à l'ensemble desquels on pourrait ·donner, sous une courte appellation, le nom de *série datée*, bien qu'en réalité les cas d'exception y soient au moins aussi nombreux que les exemples de la règle.

Les portraits de la première catégorie ou de la série cotée ne sont, nous l'avons dit, presque jamais datés. Mais quand par hasard ils le sont, c'est une bonne fortune qui vient fort à propos renforcer l'opinion que leurs cotes s'échelonnent en suivant le calendrier : opinion déjà tirée de l'examen des mentions d'origine, dont nous avons vu chaque changement de forme correspondre à une étape nouvelle dans le temps.

Quelques-unes de ces mentions gravées nous apprennent en effet que le portrait B 78 fut « dessiné le 30 octobre 1788 par Quenedey... » et que C 96 le fut en « décembre 1788 », que K 3 et L 48 ont été faits en 1790, L 96 et M 84 en 1791, O 29 et O 84 en 1792, Q 24 et Q 25 les 22 et 25 juin 1794. N'est-ce pas assez pour démontrer que la suite des cotes n'est nullement arbitraire et qu'elle se lie à la succession des années comprises entre 1788 et 1796 ?

Si l'on réunit aux renseignements de ce genre trop rarement rencontrés certaines précisions recueillies çà et là, on peut arriver à subdiviser *approximativement* année par année les étapes jalonnées par les mentions d'origine, comme nous l'avons fait en tête du tableau synoptique qui va clore ce paragraphe.

En adoptant l'ordre des cotes on est en tous cas assuré de suivre l'ordre chronologique pour les portraits de la première série. Rien n'est donc plus simple ni plus raisonnable que de les ranger ainsi en s'appuyant sur une base ferme, toute différente de l'élément factice qu'est, à des centaines d'exemples, le nom imprécis ou mal écrit du personnage.

Rien de plus simple également, pour les portraits de la seconde série, que de les grouper de même dans l'ordre chronologique et normal en ouvrant des dossiers distincts :

1° Pour ceux de Bruxelles (avril-août 1796) ;

2° Pour ceux d'Allemagne (septembre 1796-septembre 1801) ;

3° Pour ceux de Paris faits sous le Consulat (année par année de 1802 à 1805, sauf à réunir sous la rubrique « 1802-1805 » tous ceux d'entre eux qui, sans date précise, portent seulement l'adresse : rue Neuve-des-Petits-Champs, n° 1284) ;

4° Enfin pour ceux de Paris encore qui furent faits sous l'Empire et sous la Restauration (année par année de 1806 à 1829 et sous la rubrique « 1806-1829 » tous ceux d'entre eux qui, sans date précise, portent seulement l'adresse : rue Neuve-des-Petits-Champs, n° 15 ; une différence manifeste d'aspect permettrait d'ailleurs facilement de séparer dans ce dernier groupe les portraits de l'époque napoléonienne de ceux du temps des Bourbons rétablis sur le trône).

On trouvera dans le tableau récapitulatif qui suit toutes les indications nécessaires pour effectuer un tel classement général. Après avoir lu les paragraphes que nous allons consacrer à la question de l'identification des physionotraces, puis à celle de leur valeur documentaire, on se rendra compte des avantages qu'offrirait pour l'utilisation de l'œuvre de Quenedey cette manière de la présenter dans toute grande collection accessible au public (1).

---

(1) Un mot d'explication sur le Tableau de la page suivante :

Les dates portées en face des cotes ne doivent être considérées — nous le répétons — que comme des points de départ *approximatifs*. Il se peut, par exemple, que L 45 ait été fait seulement au début de 1791 ou que L 56 soit encore de la fin de 1790.

Il se peut aussi que l'on trouve, sous certaines cotes, des mentions d'adresse différentes de celles que nous indiquons ; ces dernières sont celles que l'on rencontre habituellement dans l'intervalle des deux cotes données, voilà tout.

Ce Tableau n'est qu'un guide. C'est *la règle générale* seule qu'il présente en raccourci. Nous n'avons pas pu songer à y faire rentrer *les exceptions*, pas plus qu'à donner par le menu, à la page précédente, les précisions diverses que nous avons utilisées pour le dresser tel qu'il est.

TABLEAU SYNOPTIQUE ET CHRONOLOGIQUE
des mentions gravées sur les portraits au physionotrace de Quenedey

De 1 : juillet 1788 (B 80 : *fin octobre 1788*) (D 1 : *janvier 1789*) à H 30 : 18 août 1789	Quenedey dessine, Chrétien grave : « *Dess. p. Qd. avec le phys. inv. p. Ch.* » (de 1 à F 43) puis : « *Dess. p. Qd. gr. p. Ch. inv. du phys.* » (de F 44 à H 30)
De *H 31* : 19 août 1789 [cotes manu- scrites] à *I* 20 : fin déc. 1789	Quenedey dessine et grave ; Chrétien se désin- téresse provisoirement des physionotraces : « *Dess. et gravé par Qd. avec le phys. de Ch.* » et quelque fois déjà : « *Dess. et gravé avec le phys. par Qd., rue Croix-des- Petits-Champs, n° 10, à Paris.* »
De *I* 21 : janvier 1790 (L 51 : *janvier 1791*) (O 1 . *janvier 1792*) à P 13 : fin déc. 1792	Chrétien a repris la portraiture avec Fouquet ; Quenedey travaille seul de son côté : « *Dess. et gravé avec le physionotrace par Quenedey, rue Croix-des-Petits-Champs, n° 10...* »
De P 14 : janvier 1793 (Q 1 : *janvier 1794*) à Q 55 : fin février 1795	Quenedey a deux adresses dans la même rue : « *Dess. et gravé avec le physionotrace par Quenedey, rue Croix-des-Petits-Champs, n° 10 et 81...* »
De Q 56 : mars 1795 à R 27 : mars 1796	Quenedey a changé de domicile à Paris : « *Dess. et gravé avec le phys. par Quenedey, Cour des Fontaines, n° 1111, au ci-devant Palais-Royal.* »
Du mois d'avril 1796 au mois d'août 1796	Quenedey s'est éloigné de Paris : « *Dess. au physionotrace et gravé par Quenedey, à Bruxelles.* »
Du mois de sept. 1796 au mois de sept. 1801	Quenedey a quitté la France ; il exerce en Allemagne : « *Dess. au physionotrace et gravé par Quenedey à Hambourg.* »
Du mois d'octobre 1801 à la fin de décembre 1805	Revenu à Paris, Quenedey s'est réinstallé à une nouvelle adresse : « *Dess. au physionotrace et gravé par Quenedey, rue Neuve-des-Petits-Champs, n° 1284...* »
Du mois de janvier 1806 à la fin de l'année 1829	Sans avoir changé de domicile, Quenedey a un nouveau numéro de maison : « *Dess. au physionotrace et gravé par Quenedey, rue Neuve-des-Petits-Champs, n° 15, à Paris.* »

(N. B.). — *Voir, relativement à ce Tableau, la note explicative de la page précédente.*

§ 3

De l'identification des physionotraces de Quenedey

Qu'il soit fait au pinceau, au crayon ou au burin le portrait est en art une image, qui tire son principal intérêt de l'individualité du modèle.

Pour les portraits imprimés, plus peut-être que pour les autres, la possibilité de mettre un nom sur la figure donne immédiatement à celle-ci un attrait qu'elle n'eût pas pris sans cela, même si ce nom ne nous rappelle qu'un vague souvenir, même s'il ne nous rémémore rien. C'est un fait indéniable de pure psychologie. Un médiocre portrait dénommé peut retenir davantage l'attention qu'un bon portrait anonyme.

On se défend mal en tous cas contre le désir d'apprendre quelle personne nous est montrée par une ancienne gravure, lorsqu'on sait qu'elle ne représente pas une effigie de convention mais des traits que la vie anima réellement.

Telle est de toute évidence l'impression produite par les physionotraces tant on les sent « calqués sur la nature ». Nul amateur ne saurait en regarder une épreuve sans poser au sujet la question : Qui étais-tu ?

L'absence de réponse écrite cause une petite déception et dans un album on passe vite à l'image suivante.

Une indication de nom, si imprécise, disons même si incertaine qu'elle soit, qu'on la voie gravée sur l'estampe ou qu'on l'y trouve simplement rapportée à la plume, voire au crayon, laisse au contraire l'esprit en repos et le personnage dont on ne sait rien de plus y gagne au moins un moment d'observation.

Nous voici donc amenés à reparler de la « mention nominative » *inscrite en gravure* sur certaines épreuves de physionotraces, mention que nous avons seulement signalée précédemment.

A l'égard des portraits dont les épreuves sont par elles-mêmes anonymes, nous aurons ensuite à envisager les attributions de nom fournies par le « catalogue de Quenedey », puis enfin à dire un mot des figures mystérieuses qui n'ont pas encore livré leur secret.

A. — *De la mention nominative*

Cette sorte d'inscription se rencontre rarement à toutes les époques sur les estampes de Quenedey, avons-nous dit.

Elle n'était en effet portée sur la planche qu'à la demande de quelqu'un. Le portraitiste ne pouvait prendre, comme pour sa cote numérique ou pour son adresse personnelle, l'initiative d'une mention évidemment destinée à entretenir dans la famille ou parmi les amis du personnage représenté, outre le souvenir de son individualité, celui d'une place qu'il occupait au moment de l'exécution du portrait ou qu'il s'honorait d'avoir antérieurement occupée, d'un rôle qu'il venait de jouer, etc..., forme sous laquelle cette mention apparaît presque toujours et d'ailleurs uniquement sur des portraits masculins.

Pour être gravées, il fallait bien que ces indications spéciales fussent fournies au graveur. Il les traduisait ensuite plus ou moins explicitement.

Les compléments ajoutés d'ordinaire au nom propre sont en conséquence : un titre de noblesse ou d'emploi, une précision biographique (la date de naissance ou l'âge à l'époque du portrait), un rappel de mandat électif obtenu ou de mission confiée. Parfois, mais en l'occurence ce pouvait être du fait du graveur, l'année de la confection du portrait se lit aussi par surcroît.

Ainsi savons-nous par des mentions de ce genre, choisies à diverses époques, que tels portraits de Quenedey représentent : « H. N. E. Gouget, avocat au Parlement de Dijon » (B 57) ou « M^r le Mis de Ferrière, député de Saumur à l'Assemblée Nationale de 1789 » (i 39) ; tels autres : « Mr Dolle, lieutenant-colonel de la garde nationale de Grenoble, commandant de la confédération du 11 avril 1790 » (K 71) ou « J. Mandrillon, fidèle ami des patriotes hollandais » (L 30), ou « J. de Witt, ætatis 25. 1790 » (L 38) ; que d'autres encore nous montrent : « Mathieu Deplace, Electeur en 1789 » (N 96), « Doppet, député de l'Assemblée des Allobroges auprès de la Convention » (O 79), « Venance-Dougados, membre de plusieurs académies, né à Carcassonne » (P 43), « E. Th. Simon de Troyes » (1810), « Victor de Biliotti, auditeur au Conseil d'Etat » (1812), « Albeniz, professeur de piano à Paris » (1828), etc. (1).

---

(1) La mention nominative n'a pas d'emplacement fixe. Le plus souvent on la lit horizontalement sous le médaillon ; mais on la trouve également inscrite circulairement au-dessus de celui-ci, surtout à l'époque de la Révolution. A la même époque, Chrétien, plus habile graveur en lettres que Quenedey, paraît avoir entouré plus fréquemment ses portraits du nom de leur personnage.

On peut également faire rentrer dans les mentions nominatives certaines inscriptions sans nom.

Les physionotraces, nous l'avons rappelé plus d'une fois, étaient par essence des portraits intimes appelés à n'être distribués qu'à des personnes avec lesquelles le modèle avait des relations de parenté ou de connaissance, à qui par conséquent ses traits étaient familiers. Parfois donc il ne jugea pas nécessaire, ou d'autres à sa place n'estimèrent pas utile de faire graver son nom à côté d'indications particulières, estimant qu'à la seule vue du profil les destinataires reconnaîtraient l'intéressé.

Ce n'est plus le cas pour nous aujourd'hui ; mais lorsque le renseignement fourni est précis, il peut nous suffire pour identifier le portrait ou tout au moins pour aiguiller nos recherches sur une bonne voie.

N'eussions-nous eu pour nous guider que cette unique mention du portrait L 48 : « Maire 1ᵉʳ de Reims. 28 février 1790 », nous aurions facilement découvert qu'il s'agit certainement de Jean-François Pierret, à qui échut à cette date la première écharpe municipale octroyée par le vote des électeurs de la grande cité champenoise.

Quelque sûres qu'elles paraissent à première vue les indications des mentions nominatives doivent être passées au crible de la critique d'interprétation. De même que pour tout texte sur lequel on veut s'appuyer, il convient de se demander dans quelle mesure le leur peut être accepté comme vrai ; et cela pour la raison principale que voici.

Les mentions nominatives sont de deux sortes.

Il y a celles que toutes les apparences désignent comme étant contemporaines de la confection du portrait : ce sont les plus certaines.

En second lieu, il y a celles qui ont été ajoutées après coup, assez longtemps après la gravure de la planche initiale, selon le désir d'un descendant ou d'un collatéral : ces dernières ont une valeur documentaire moindre que les précédentes. Beaucoup de souvenirs familiaux deviennent vite approximatifs ; d'autres, quoique restés fidèles, ne sont pas toujours traduits avec exactitude. Il importe donc de ne pas accepter sans contrôle toutes les indications des inscriptions plus récentes que le portrait lui-même.

A quels signes reconnaître ces inscriptions-ci des autres ? Il n'y a pas de critérium ; tous les cas sont des cas d'espèce. Ici un œil exercé verra la différence dans la graphie ; là un esprit critique la sentira dans la rédaction.

Si elles peuvent être exceptionnellement un peu sujettes à caution quant à la précision de certains détails, il va de soi que les mentions nominatives gravées constituent pour les identifications la plus solide des bases. Par elles on est assuré de ne pas faire complètement fausse route dans la recherche de la véritable individualité du personnage.

Malheureusement, elles sont en nombre très restreint sur les physionotraces de Quenedey. Sur les dix-huit cents portraits de sa série cotée (1788-1796), une quarantaine seulement portent de telles mentions, soit moins de trois pour cent. Cette proportion serait encore plus faible pour la réunion de tous ceux exécutés de 1796 à 1829.

Maintenant, comment savoir qui nous est montré par une estampe de physionotrace dépourvue de tout nom gravé ?

De deux choses l'une :

Ou bien l'épreuve porte une des cotes de la série **1 à R 27**, avec ou sans l'une des inscriptions de la période révolutionnaire que nous connaissons ;

Ou bien, indépendamment de toute autre marque, cette épreuve porte une mention d'exécution à Bruxelles, à Hambourg ou à Paris, rue Neuve-des-Petits-Champs, n° 1284 ou n° 15.

Pour les estampes de la première catégorie, il existe un répertoire onomastique qu'il suffit de consulter ; en regard de la cote on y trouvera presque toujours un nom de personne ; la question ne présente donc pas de difficulté, au moins en apparence.

Pour les estampes de la seconde catégorie, aucun relevé général de noms n'ayant été fait, le problème de la connaissance **du** modèle ne se résout pas aussi facilement.

Abordons pour commencer l'examen du répertoire que l'on est convenu d'appeler, depuis sa publication sous ce titre, « *le catalogue original des portraits au physionotrace de Quenedey* », bien qu'il concerne seulement ceux des huit premières années de la carrière de l'artiste, à l'époque de la Révolution, c'est-à-dire les dix-huit cents portraits de la série cotée.

B. — *Du catalogue des portraits au physionotrace dessinés ou gravés par Quenedey de 1788 à 1796*

L'index dont il s'agit a une histoire sur laquelle est venue se greffer une légende.

C'est pourquoi les mots : « catalogue original » ne sont pas reproduits dans le titre qui précède.

A propos des grandes collections de physionotraces, nous avons déjà raconté par bribes une partie de l'histoire de ce catalogue, celle de ses changements de main. Groupons brièvement ces indications lointaines.

M. Paulin Richard, autrefois conservateur à la Bibliothèque nationale, marié à une petite-fille de Quenedey, possédait le répertoire en question. L'historien Renouvier et l'iconophile Soliman Lieutaud le consultèrent chez lui pour leurs ouvrages. Les Goncourt et Vignères avaient aussi connu son existence. Marchand de gravures et collectionneur passionné, ce dernier n'oublia pas de se le faire remettre lorsqu'il acheta presque tout le fond d'atelier du portraitiste vers 1873.

D'après un renseignement que nous empruntons à l'*Intermédiaire des chercheurs et des curieux,* Vignères aurait jalousement gardé ce catalogue unique, refusant impitoyablement de le communiquer aux amateurs tant qu'il vécut. Edmond de Goncourt le rechercha jusqu'aux Riceys et ne parvint pas en effet à savoir ce qu'il était devenu, malgré les rapports que son frère Jules et lui entretenaient de longue date avec cet expert (1).

En mai 1887, à une vente des cartons de Vignères, M. Albert Christophle, gouverneur du Crédit Foncier, acquit le document avec un lot très important de physionotraces. Plus libéral que son prédécesseur, le nouveau propriétaire voulut bien autoriser l'impression du catalogue dans l'*Intermédiaire* en février 1892 et aussitôt après, par l'entremise de M. Georges Caïn, alors con-

____

(1) Cf. Ed. de Goncourt. *La maison d'un artiste,* Paris, 1881 (II, p. 161) et *Journal des Goncourt* (12 août 1878 et 14 avril 1884). Après la mort de J.-E. Vignères (1812-1884), son fonds considérable d'estampes (21, rue de la Monnaie) fut dispersé aux enchères par fractions ; en décembre 1888, on annonçait encore la 26ᵉ vente Vignères. Les cartons de l'érudit libraire et collectionneur de portraits S. Lieutaud (1795-1879) avaient été vendus en mai 1881.

servateur du Musée Carnavalet, il en offrit généreusement le manuscrit à la Ville de Paris pour sa bibliothèque urbaine.

C'est donc l'Institut d'histoire et de géographie de la rue de Sévigné qui détient la pièce actuellement ; elle s'y retrouve au voisinage de la collection des six cents physionotraces acquis à la vente Vignères dont le Musée Carnavalet, dans un hôtel contigu, assure de son côté la conservation.

Que possède à la vérité cette bibliothèque ? En quoi consiste ce manuscrit ?

C'est ici qu'intervient la légende.

Ecoutons à nouveau l'*Intermédiaire*. Sa publication de 1892 a rendu un grand service ; ce point est hors de tout conteste, nous ne saurions trop le répéter, mais ce n'est pas celui qui est en cause pour l'instant. Il s'agit de la manière dont cette publication fut présentée.

« La liste des portraits de Quenedey que nous publions — « dit textuellement notre auteur — est renfermée dans un agen- « da de 57 pages, couvert en parchemin à recouvrements, avec « attaches et poches intérieures. Cet agenda porte sur la garde « la signature de Quenedey, huit fois répétée, des chiffres, des « additions et des notes autographes, relatifs à des rendez-vous « de pose, sans intérêt. Les noms divisés en séries de cent, « portant chacune une lettre de l'alphabet, se succèdent en « colonnes avec la lettre en réclame courante et les numéros « en marge, la plupart soulignés à l'encre rouge de un ou deux « traits, quelques-uns marqués d'une croix, d'autres effacés, « toutes annotations paraissant se rapporter à la comptabilité « de l'artiste. Nous avons pu constater que beaucoup de ces « noms étaient mal orthographiés, mais nous avons cru devoir « respecter scrupuleusement *les indications données par le pro- « pre carnet de Quenedey* et nous les imprimons tels quels ».

Ailleurs, de la même source, dans l'Introduction d'un tirage à très petit nombre de la même liste de noms, on lit en outre ceci :

« ... Vignères acquit de la famille de cet artiste toutes les « épreuves de portraits qui restaient et surtout en obtint *le « répertoire qu'avait composé Quenedey pour le catalogue de*

« *son œuvre. C'est ce manuscrit original que nous publions....*
« C'est un agenda de 57 pages, etc... (comme ci-dessus) » (1).

Qui n'estimerait au vu d'une pareille description qu'elle se
rapporte à un agenda provenant tout entier de Quenedey, tenu
par lui, couvert de son écriture, d'un catalogue dressé de sa
main, d'un document autographe et, comme il est dit, « original » ?

Longtemps nous l'avons cru dur comme fer. Puis un jour en
poursuivant nos recherches, à quelque tournant de notre étude,
un doute nous est venu, et comme saint Thomas nous avons
voulu voir.

Nous avons alors eu le regret de constater que le précieux
répertoire signalé n'avait, à tout prendre, rien d'original. Il est
toujours pénible de perdre une illusion.

Que vîmes-nous donc à l'Institut d'histoire de la Ville de
Paris, sous le document : FGms 505, obligeamment mis à notre
disposition ?

La carcasse d'un vieux carnet de fabrication personnelle et
non commerciale, au carton recouvert en effet d'un parchemin
portant les traces de l'acte anciennement écrit sur la peau, avec
une partie couvrante et un reste de la lanière de cuir qui servait à la fermeture du carnet. De poches intérieures, point ;
celles qui semblent exister sont formées par l'interstice bâillant
plus ou moins entre le parchemin et le carton décortiqué.

Fermée, cette ancienne couverture oblongue mesure vingt-et-
un centimètres de hauteur sur huit de largeur.

A même le carton, du côté gauche, figure, entre des additions,
un groupe de sept ou huit « Quenedey » tracés d'une main qui
paraît s'être essayée à trouver un type de signature. Le côté
droit porte diverses mentions dont les indications démontrent
à nos yeux prévenus qu'elles datent de la fin de 1788 et des
premiers mois de 1789. Plusieurs d'entre elles (les rendez-vous

---

(1) *Intermédiaire...* (n° du 10 février 1892, col. 153) : « Le catalogue
original des portraits au physionotrace de Quenedey » (préambule) —
*Catalogue des portraits au physionotrace de Quenedey, publié d'après
le manuscrit original donné à la Bibliothèque de la Ville de Paris, par
M. Albert Christophle ;* Paris, 1892 [petit in-4° de 52 pages, tiré à
quatre exemplaires, pour M. A. Ch...] (Introduction). La Bibl. de
l'Institut d'histoire... possède l'exemplaire n° 3, offert par M. A. Ch...
(*R. 168, n° 550.620*).

de pose de M. de Corancey et de M. de Courteilles notamment)
ne sont pas de l'écriture de l'artiste. De la sienne on lit seulement ce détail domestique : « prier le frotteur le 7 aoust » et
cette note prise d'une commande : « F 43 — 25 et une contre-
« épreuve sur velin, Mr Rovel, hôtel de Flamarin, rue de l'Oran-
« gerie ».

C'est là tout ce qui porte la marque personnelle de Quenedey,
tout ce qui provient certainement de lui.

A l'intérieur de cette vieille enveloppe cartonnée, veuve de
son contenu primitif, flotte un petit cahier des mêmes dimensions (21 cm./8 cm.), comprenant 29 feuillets en papier blanc,
d'un aspect et d'un grain qui sont d'une époque postérieure à
l'existence de Quenedey. Sauf la dernière, toutes les pages de ce
cahier, assez lourdement réglées au crayon, sont couvertes de
simples noms de personnes écrits par une main féminine, à
n'en pouvoir douter, en face de nombres allant de 1 à 100 au
plus, sous chacune des lettres de l'alphabet de A à R.

Presque tous ces noms sont soulignés à la diable (au point de
sembler parfois raturés et de n'être plus qu'assez difficilement
lisibles), de traits ou de doubles traits à l'encre rouge le plus
souvent, d'une apposition visiblement plus récente que l'écriture
des noms propres et que celle des petites croix à l'encre noire
dont environ deux cents d'entre eux sont précédés ou suivis.

Dans sa forme matérielle, « le catalogue original de Quenedey », le voilà. *Amicus Plato, sed magis amica veritas.*

Est-il à penser après cela que cette sèche nomenclature puisse
avoir été l'ouvrage de l'artiste et que celui-ci l'ait établie de la
sorte en vue d'une classification sérieuse de son œuvre, en
admettant même que le manuscrit détenu par l'Institut d'histoire de la Ville de Paris ne soit qu'une copie d'un relevé antérieurement fait par Quenedey lui-même ? Il faudrait pour le
croire posséder un don d'imagination dont l'historien doit
laisser la palme au chroniqueur.

Mais alors, qui rédigea ce catalogue squelettique ? A l'aide de
quels renseignements échappés à la destruction ?

L'hypothèse la plus vraisemblable est, à notre avis, la suivante.

Le répertoire du cahier renfermé dans l'objet de souvenir
intime qu'était la couverture du carnet longtemps porté par

Quenedey, ce répertoire écrit d'une main de femme après sa mort, doit avoir été dressé par l'une de ses filles ou plus probablement encore par sa petite-fille, M^mo Paulin Richard, à l'occasion de quelque mise en ordre de toutes les épreuves provenant de l'atelier du portraitiste.

Pour celles de ces épreuves qu'une cote numérique matriculait, le nom de la personne aurait été relevé une fois pour toutes et enregistré sur le cahier, d'après la mention inscrite sur l'exemplaire du magasin, conservé à titre de référence commerciale, lorsque ce nom put être ainsi retrouvé, car nombre de cotes manquent au catalogue ou sont anonymes. Et cela pourquoi ? Sans doute afin de n'avoir plus à prendre la peine de recopier ce même nom sur chaque estampe semblable, comme il était au contraire nécessaire de le faire pour individualiser les nombreux portraits non cotés et pour distinguer les épreuves de ceux-ci, souvent susceptibles d'être confondues en raison d'une certaine analogie d'aspect après quelque dérangement.

Travail exécuté d'ailleurs de façon très sommaire, sans recherche d'une attribution sûre, sans préoccupation d'un contrôle rigoureux du nom rencontré. A telle enseigne, par exemple, que pour le portrait F 43 — le seul, nous l'avons indiqué plus haut, dont il soit fait mention de la main de Quenedey sur la couverture de son carnet, en ces termes : « Mr Rovel, hôtel de Flamarin, rue de l'Orangerie » — on lit simplement et par erreur sur le catalogue manuscrit : Mr de Borel. Ce fut vraiment jouer de malchance. A telle enseigne encore que ce catalogue ne reproduit pas, comme il eût convenu pour plus de précision, les renseignements complémentaires fournis par des mentions nominatives gravées dès l'origine sur la planche dans l'atelier même de Quenedey et visibles sur les épreuves.

Nous ne sommes pas parvenus à trouver une explication justifiable de tous les soulignements qui maculent le manuscrit. Nous supposons seulement qu'ils correspondent à des marques hâtivement faites au moment de l'inventaire du stock d'épreuves vendu à Vignères ou pour la composition des lots mis aux enchères lors de la dispersion des cartons de cet expert décédé.

Quant aux petites croix qu'on y voit en face de quelque deux cents noms, nous croyons qu'elles se rapportent à un choix d'épreuves opéré chez M. Paulin Richard par Soliman Lieutaud. Les physionotraces ainsi désignés sont en effet, parmi ceux de

Quenedey, à peu près les seuls dont il soit fait mention dans les publications iconographiques de cet auteur, notamment dans ses *Listes de portraits* (celle des députés à l'Assemblée nationale de 1789 ou celles de personnages nés en Lorraine et en Champagne) parues de 1852 à 1856. Parmi les estampes provenant de sa collection, reconnaissables à la marque *S. L.*, ils sont, d'autre part, ceux que l'on rencontre en nombre le plus important.

Quelle conclusion tirer de là ?

Que peu de fond serait à faire sur les dénominations énumérées au répertoire ? En aucune façon. Nous avons pu vérifier que la grande majorité de ces dénominations méritent créance ; elles concordent avec des précisions obtenues d'autre manière.

Pour n'être pas un document « original », rédigé par Quenedey lui-même ou sous son inspiration et son contrôle, le manuscrit de l'Institut d'histoire de la Ville de Paris, émanant de la famille de l'artiste, dressé par quelque descendant direct, n'en demeure pas moins, malgré ses imperfections et son laconisme, le document initial, le document-type auquel il convient de remonter toujours pour les renseignements à puiser, comme au réservoir le plus proche de la source.

Il importe seulement d'appliquer aux indications succinctes de ce document, qui déjà n'est pas un document de première main, les règles de la critique de restitution et d'interprétation des textes plus sévèrement encore qu'aux « mentions nominatives » gravées après coup sur les planches de portraits.

A fortiori doit-il en être ainsi pour les noms empruntés à des transcriptions du répertoire en question, dans lesquelles des erreurs nouvelles viennent s'ajouter presque inévitablement à celles de la copie prise pour modèle (1).

---

(1) Les listes de l'*Intermédiaire* n'ont été imprimées que d'après une copie du manuscrit de M. Christophle : le cahier de ce manuscrit ne pouvait être remis aux typographes. Si soigneusement qu'elle ait été collationnée, cette copie renferme déjà quelques fautes de lecture. C'est ainsi, pour relever seulement la principale, que les noms suivants doivent être attribués par correction aux cotes que nous donnons ici : N 85, M. de Noël ; N 85 *bis*, M. Deshacquets ; N 86, M. Boué (de Bordeaux) . N 87, M. Kertzog (id.) ; N 88, d'Engui (id.) ; N 89, Mme de Caze. Le manuscrit porte à l'endroit de ces noms des ratures et des surcharges de chiffres qui rendent le passage assez obscur.

Autre chose. Des copies du répertoire ont été faites à la main, d'après les listes imprimées de l'*Intermédiaire*, pour la Bibliothèque natle (Yc, 247) et pour le Musée Carnavalet. Or, sur ces deux copies,

C. — *Des portraits au physionotrace dessinés et gravés par Quenedey de 1796 à 1829 — Possibilité d'un dresser un répertoire analogue à celui de la période antérieure*

De la série cotée n'embrassant que l'époque de la Révolution, passons à la série des portraits assez souvent datés qui englobe tout le reste de l'œuvre de notre artiste de 1796 à 1829, depuis les débuts du Directoire jusqu'à la fin de la Restauration.

Une supposition : On possède une épreuve ne portant *rien d'autre* que cette mention d'origine inscrite sous le médaillon : « Dessiné au physionotrace et gravé par Quenedey, rue Neuve-des-Petits-Champs, n° 1284, à Paris ». De qui a-t-on sous les yeux l'image ?

Pour courir la chance de le savoir, il n'est guère d'autre moyen pratique, quant à présent, que d'aller compulser une grande collection, celle de la Bibliothèque nationale par exemple, d'examiner feuille par feuille les albums des portraits dénommés, jusqu'à la rencontre possible d'une épreuve semblable à celle que l'on tient et de prendre note alors du nom inscrit sur la feuille supportant l'estampe.

C'est un travail de patience qui peut aussi ne pas recevoir sa récompense au cours des vingt-huit albums parcourus et de la comparaison de leurs milliers d'effigies avec celle de la figure à identifier.

Inutile d'insister sur le temps gagné par le chercheur s'il n'avait eu qu'à voir le dossier ou l'album des portraits non datés portant l'adresse marquée du n° 1284, établi comme nous le proposions plus haut.

Mais l'épreuve-sosie ayant été trouvée, d'où vient le nom qui l'accompagne ? Où l'a-t-on pris ?

Si l'estampe de la Bibliothèque nationale n'est pas elle-même, par hasard, une épreuve de référence jadis conservée par Quenedey, le nom indiqué sera presque toujours la transcription

---

nous avons pu constater que le nom de *Xrouet* (C 67-69) s'était mué en celui moins étrange d'*Yronet*. Un copiste de nos jours pouvait ne pas connaître un libraire parisien du xviiie siècle, homonyme de l'artiste de Sèvres qui découvrit « le rose Pompadour », mais ce n'était pas une raison pour le débaptiser ! Nous pourrions citer bien d'autres déformations ; le manuscrit primitif en fournit tout le premier des exemples : le duc d'Avray, pour le duc d'Havré et Kokiovskorn, pour Kosciusko, etc.

faite peut-être par Mme Paulin Richard, peut-être par un commis de Vignères, de celui que portait cette épreuve-type passée on ne sait où.

De même en est-il en principe d'un portrait acheté dans le commerce avec un nom manuscrit, à moins que ce nom ait été emprunté par similitude de l'image à l'exemplaire de la Bibliothèque nationale ou à un autre exemplaire dénommé rencontré ailleurs. La valeur de la mention dépend dans ces derniers cas de la sincérité avec laquelle elle a été recopiée et maintenue.

Un relevé nominatif des physionotraces de Quenedey, postérieurs à 1796, pourrait donc être entrepris. Son mode de confection ne s'éloignerait pas beaucoup de celui qui a été suivi pour dresser le répertoire de la période antérieure. Les erreurs ne risqueraient guère d'y figurer en nombre beaucoup plus élevé que dans celui de la série cotée, à la condition d'établir ce second répertoire en s'aidant d'indications puisées aux sources les moins polluées.

Dressé par ordre alphabétique de noms, faute d'une suite de cotes numériques analogue à celle qui sert de base au catalogue existant pour la période de 1788 à 1796, ce catalogue complémentaire procurerait aux amateurs et aux érudits un instrument de recherches dont la précision moindre serait compensée par une facilité de consultation que le premier répertoire n'offre pas toujours (1).

Lorsqu'on les rencontre écrits à la main sur des épreuves de portraits de cette seconde série, les noms de personnages doivent être contrôlés aussi sérieusement (peut-être même doivent-ils l'être davantage) qué ceux de la série précédente, pour arriver à une exacte identification des modèles.

On conçoit qu'un simple nom ne saurait toujours suffire à fixer celle-ci. Rapprocher de ce nom (qui peut être le même que celui d'un fils, d'un frère ou d'un neveu) la date approximative de la confection du portrait, constater la concordance entre l'âge qu'accuse la figure (souvent rajeunie) et l'âge qu'avait le

---

(1) Peut-être, à leur intention et comme Essai, pourrons-nous déjà — nous le souhaitons — publier notre liste nominative de ces portraits de Quenedey (voire celle de ceux de Chrétien), dont l'établissement préalable nous a permis de dégager quelques-unes des idées générales exposées dans cette étude et dans la précédente.

sujet présumé à l'époque de l'exécution de l'image, sont les premières vérifications à faire avant de s'engager plus à fond dans les ouvrages biographiques ou dans les papiers de famille pour y chercher d'autres renseignements sur la personne.

Nous nous en tiendrons au rappel général de ces précautions essentielles. Elles ne laissent pas que de soulever plus d'une fois devant le portrait des petits problèmes dont la solution n'apparait point aussi vite que pourrait le donner à penser la découverte du nom du personnage, même lorsque ce personnage eut quelque notoriété, ainsi que le cas — nous allons le voir tout à l'heure — se présente fréquemment.

*
* *

Pour ce qui est enfin des portraits demeurés jusqu'alors anonymes, on ne peut guère espérer en dévoiler le mystère qu'à la faveur d'une bonne fortune : celle de rencontrer des correspondants qui veuillent bien signaler les épreuves conservées dans les familles, dans les bibliothèques ou dans les musées de province, relever les mentions que portent ces épreuves et recueillir tous les souvenirs qui subsistent sur le parent ou sur la personne dont il est certain ou dont on a lieu de croire que le médaillon reproduit l'image.

De tels concours obligeants, on en trouve ; il suffit d'y faire appel. Nous en parlons savamment, non sans reconnaissance, pour avoir pu grâce à eux mettre un nom sur quelques profils non encore identifiés et de plus enregistrer l'existence d'un certain nombre d'effigies de gens distingués dessinées et gravées par Quenedey, dont aucune épreuve ne figure dans les grandes collections de ses ouvrages.

§ 4

De l'intérêt documentaire des physionotraces de Quenedey

A leur mérite artistique, les physionotraces ajoutent un autre intérêt et celui-ci n'est pas à nos yeux le moindre.

Il réside dans leur valeur documentaire.

Or nul groupe iconographique provenant d'une même source n'est à la fois plus riche par le nombre de ses planches, plus varié dans l'origine de ses sujets, plus précieux par l'exactitude de ses reproductions que le recueil des milliers de portraits de **Quenedey.**

Personnages politiques, membres des assemblées parlementaires, hommes de lettres ou de science, gens d'épée, de robe ou de finance, dignitaires ecclésiastiques, nobles de race et bourgeois parvenus, musiciens en vogue, actrices en faveur, grandes dames et femmes à la mode, étrangers de marque de toutes nationalités voisinent dans son œuvre au hasard de la date à laquelle, sans autre dessein que celui de pouvoir offrir leur « ressemblance » en présent à leurs proches ou à des amis, ces clients de passage vinrent poser un instant chez lui devant l'appareil imaginé par Chrétien.

Les quelques centaines de portraits réunis en collection sous le nom de ce dernier — Chrétien en grava bien davantage, plusieurs milliers aussi vraisemblablement — présentent dans leur essence la même diversité que les effigies dues à Quenedey.

Feuilleter les albums de ces minuscules estampes c'est, au résumé, passer en revue une partie de la société de Paris sous la Révolution, le Consulat et l'Empire, de celle qui apparaît dans la grande histoire et plus encore de celle dont la chronique et les Mémoires du temps nous racontent les petites histoires ; c'est voir défiler les vrais visages de nombre de gens qu'à ces époques on eût pu coudoyer dans des salons de la rue Saint-Honoré, ou croiser en chemin dans cette « longue et palpitante artère du sang parisien » (la rue de Rivoli n'existant pas encore), ou suivre à la promenade dans le jardin du ci-devant Palais-Royal, enfin rencontrer aux spectacles où l'on applaudissait les tirades emphatiques de Larive, les notes mélodieuses de Mme de Saint Huberty ou les jetés battus du « Diou de la danse », Vestris fils, trois des vedettes théâtrales dont s'enorgueillit à diverses dates la devanture du magasin de Quenedey.

En règle générale, les personnes qui se faisaient alors portraicturer chez lui ou chez Chrétien n'étaient pas les premières venues. On le constate par celles dont les profils sont identifiés. De ces personnes, beaucoup occupaient une charge importante, un emploi en vue, tenaient un certain rang à la ville et même à la cour ; d'autres avaient obtenu quelque succès, fait quelque bruit, eu quelque aventure ; bref, elles appartenaient à cette sélection extrêmement bigarrée dont s'est toujours composé « le monde » de la capitale : c'est en cela que le rapprochement de leurs images forme un curieux tableau de société.

A partir de 1820, sous la Restauration, la clientèle qui acha-

landait l'atelier de Quenedey ne fut plus la même ; son niveau
social avait baissé ; elle se recrutait surtout dans la classe
moyenne à Paris ou parmi des retardataires venus de leur province. Le beau temps des physionotraces était passé ; ils trouvaient encore preneurs, mais ils n'étaient plus « à la mode » ;
les gens en place ou de qualité s'en désintéressaient depuis qu'on
en faisait pour le monde des boutiques. Les portraits de cette
période ne présentent donc plus pour la plupart le même caractère instructif que ceux des époques antérieures, comme d'autre
part ils n'offrent plus, on s'en souvient, le même aspect artistique.

Si riche que soit la mine des physionotraces, elle n'a guère
été exploitée jusqu'à présent qu'au profit de l'histoire générale,
de l'histoire politique principalement. Dans d'autres branches :
histoire de la littérature, du théâtre ou de la musique, histoire
locale, histoire familiale, etc., elle pourrait cependant procurer
aux chercheurs l'occasion d'heureuses trouvailles pour illustrer
leurs études ou leurs monographies, si les ressources en étaient
mieux connues.

C'est pour permettre d'agrandir le champ de ces découvertes
que nous nous sommes efforcé de donner dans notre travail le
plus possible de précisions utilisables.

Les auteurs qui, traitant de la gravure au dix-huitième siècle,
ont quelque peu parlé des ouvrages laissés par Quenedey et par
Chrétien, s'inspirent tous visiblement de ce que Renouvier, dans
son *Histoire de l'art sous la Révolution*, en avait dit, sans se
mettre en grands frais de recherches, d'après quelques indications recueillies près du bibliothécaire Paulin Richard.

Comme Renouvier, ces auteurs — MM. Portalis et Béraldi
notamment — reconnaissent que les physionotraces sont des
documents d'une authenticité particulière, mais ils regrettent
avec lui que « le plus grand nombre d'entre eux regardent des
personnes obscures » et qu'on y voie « trop de gens inconnus
fort peu intéressants ». Après cent citations, à les en croire,

Le reste ne vaut pas l'honneur d'être nommé.

Voilà qui est régler d'un trait de plume et tout à rebours de
l'opinion d'un contemporain de Chrétien et de Quenedey, bien

renseigné sur la composition de leur clientèle (1), une question dont l'examen méthodique et approfondi n'a jamais été fait.

Entreprendre cet examen nous entraînerait trop loin. Nous nous bornerons donc à donner dans l'œuvre de Quenedey quelques coups de sonde pour en retirer des impressions plus précises sur la valeur iconographique de son fond.

A côté des hommes politiques et des parlementaires notoires auxquels nos auteurs s'en sont presque uniquement tenus dans leurs exemples, tels que Barrère, La Fayette, d'Eprémesnil, Boissy d'Anglas, Hérault de Séchelles, Malouet, Gaudin, etc., sont-ce des gens dont la physionomie ne saurait plus offrir aucun intérêt, que les astronomes Bailly, de Beauchamps, Delambre, Lalande, les naturalistes Faujas de Saint-Fond et de Jussieu, le chimiste Guyton de Morveau, l'agronome Parmentier, dans les sciences ? que l'abbé Delille, Andrieux, Mme de Staël et même Mme Pipelet, née de Théis, devenue princesse de Salm, « la muse de la raison » dans les lettres ? que le baron allemand de Grimm, dont la *Correspondance* est encore si souvent mise à contribution et l'américain Gouverneur Morris, dont les *Mémoires* sont toujours consultés ; que Jefferson, alors ambassadeur à Paris, devenu le troisième président des Etats-Unis ; que Kosciusko, le grand patriote polonais, dans la diplomatie ou la colonie étrangère ?

Ne reverrait-on plus sans être tenté de s'y arrêter les traits de l'infortuné marquis de Launay, gouverneur de la Bastille, massacré le 14 juillet 1789, du chevalier d'Entrecasteaux, envoyé à la recherche de l'expédition de Lapérouse, du contre-amiral Magon, glorieusement tombé sous son pavillon au néfaste combat de Trafalgar ?

N'aurait-on plus la moindre curiosité pour ces actrices tant applaudies par nos pères : Mlle Lange, Mme de Saint-Huberty, déjà citée, Marie Desbrosses et Emilie Contat ? pour ces beautés qui connurent en déshabillé plus d'un personnage de leur

---

(1) Le savant conservateur des médailles à la Bibliothèque impériale, A.-L. Millin, auteur d'un *Dictionnaire des beaux-arts*, publié en 1806, contenant au mot : Physionotrace (III, 255), le premier article descriptif des portraits gravés en ce genre, « dont la réunion, dit-il, pourrait offrir un recueil de personnages célèbres et intéressants », au nombre desquels il venait d'ailleurs de se placer lui-même, de profil à gauche dans un médaillon ovale dû à Quenedey.

temps : Adèle de Bellegarde, la jolie brune qu'on revoit mieux encore sous le pinceau de David, au premier plan de *L'Enlèvement des Sabines,* dans un des salons du Louvre et Ida de Saint-Elme, « la courtisane de la Grande Armée », plus ou moins auteur des *Mémoires d'une contemporaine (de Napoléon)* ? pour ces aventuriers célèbres qui s'appelèrent M. de Latude (le pensionnaire de la Bastille) et le chevalier ou la chevalière d'Eon ?

Si, du demi-monde ou du quart de monde, nous remontions vers la haute société, trop de noms seraient à citer, ici chez les Praslin, là chez les Puységur ou les Colbert, ailleurs chez les Noailles ou les Tascher de la Pagerie.

Nous n'aurions de même que l'embarras du choix parmi les membres du Parlement, de la Chambre des comptes ou de la Cour des Aides de Paris, parmi les Fermiers généraux et les Intendants, sur les listes de toutes les Académies et jusque dans l'entourage du souverain, que celui-ci fût Louis XVI, Napoléon ou Louis XVIII.

Et quels rapprochements suggestifs apparaîtraient à l'occasion ! La jeune Emilie de Saint-Amaranthe (E 71) qui n'était pas encore Mme de Sartine, n'avait-elle pas été conduite rue Croix-des-Petits-Champs, à deux pas de la luxueuse maison de jeu (de jeux de l'amour et du hasard) que madame sa mère tenait rue Vivienne, par son père putatif le vicomte de Pons (E 73) chez le *photographe* du temps ? Le vieux Mis de Beauharnais (F 62) ne s'y était-il pas laissé mener par Mme de Renaudin (F 61) — « la Renaudin », cette tante experte de la future impératrice Joséphine — avec laquelle il vivait ouvertement, avant de l'épouser plus tard ?

Mais beaucoup de prudence s'impose en pareils cas pour ne pas tomber dans ces attributions douteuses auxquelles Edmond de Goncourt fait allusion dans sa *Maison d'un artiste...* quelques pages après avoir commis une erreur certaine en prenant Mme [Papillon] de la Ferté pour la marquise de la Ferté [Imbault], en confondant la femme de l'intendant général des Menus Plaisirs et Affaires de la chambre du roi Louis XVI, de qui le portrait dessiné par Quenedey montre « la grande figure *louis-quatorzième,* surmontée d'une haute coiffure ébouriffée rappelant la perruque du grand roi » (C 85), avec « l'enjouée *Souveraine de l'ordre incomparable des Lanturelus,* dont

Mme Geoffrin était aussi étonnée d'être la mère qu'une poule qui aurait couvé un œuf de cane » (1).

Certains noms rencontrés : M. de Beaumets (A 12), le président d'Esneval (C 60 et D 10), M. Richard de Ruffey (M 84), peuvent ne pas arrêter l'attention d'auteurs parisiens et leur faire ranger les gens qui les portèrent parmi les nobles inconnus. Mais à Arras, à Rouen, à Dijon, il en irait autrement, car ces noms étaient de ceux qui émergeaient dans l'ancienne magistrature du Conseil d'Artois ou des Parlements de Normandie et de Bourgogne.

Les ouvrages de Quenedey ne se limitent pas en effet au monde qui vivait jadis entre les barrières de la capitale. Nombre de ses portraits représentent des notabilités provinciales. Ceux-là ne sont pas les plus faciles à identifier, l'artiste n'ayant pas toujours pris soin de noter la résidence des clients qui lui venaient du dehors ; à leur propos on manque souvent de ce premier fil conducteur pour les recherches à entreprendre.

On n'y perd cependant pas sa peine et l'on peut aboutir à un résultat profitable à l'histoire locale.

Nous donnerons plus loin la liste des personnes rattachées à notre département par quelque lien, dont à notre connaissance il existe des portraits au physionotrace dessinés ou gravés par leur compatriote des Riceys, en illustrant cette liste des médaillons que nous avons pu nous procurer ; ces portraits compléteront la série des spécimens encartés dans la partie biographique.

Des relevés analogues pourraient être faits pour d'autres régions que celle de l'Aube. Peut-être leur établissement tentera-

---

(1) A l'époque du portrait (décembre 1788), la marquise de la Ferté avait 73 ans ; c'est beaucoup plus que n'indique celui-là. D'autre part la marquise était veuve depuis fort longtemps ; or, madame et monsieur de la Ferté avaient posé chez Quenedey de compagnie (C 85 et C 86). La ressemblance entre la figure du physionotrace et celle du portrait in-4° antérieurement dessiné et gravé par Moreau le jeune, ne laisse subsister aucun doute sur l'identité de M. Papillon de la Ferté en C 86. Il devait même être si ressemblant que son adjoint à l'intendance des Menus-Plaisirs (M. des Entelles, D 21) n'avait pas tardé à suivre son exemple.

t-il la sagacité et l'érudition de certains de nos collègues des sociétés historiques de province ? (1).

*
**

Terminons ce paragraphe par une courte observation sur l'intérêt documentaire des physionotraces à un autre point de vue.

Jusqu'alors, nous avons envisagé cet intérêt seulement en ce qui concerne l'individualité des modèles.

A ne considérer maintenant, abstraction faite des personnes, que l'aspect sous lequel celles-ci nous apparaissent, il est bien évident que l'ensemble des petits portraits de Quenedey (et de Chrétien) apporte à l'histoire du costume et de la coiffure (de 1789 à 1830), à celle aussi des uniformes militaires français et étrangers (de 1800 à 1820) une contribution qu'aucun autre groupe de dessins ne dépasse en authenticité.

En rangeant ces images véridiques *chronologiquement* (on sait qu'elles ne le sont ainsi nulle part, si ce n'est en faible partie, pour les anonymes, au Musée Carnavalet), on pourrait aisément suivre sur elles les évolutions des modes féminines par périodes, voire année par année et faire certaines remarques instructives. Relevons la suivante, sans cependant prétendre la donner comme une révélation.

Les costumes grecs (coiffure à bandeau, corsage largement ouvert, bras nus) que portèrent sous le Directoire les femmes de toute compagnie, sont généralement considérés comme caractéristiques de cette époque dissolue. Le portrait d'une dame en pareille toilette la fait classer presque infailliblement parmi les sujettes de Barras, en 1798 ou 1799. Or il suffit d'ouvrir un album de Quenedey pour constater qu'une dizaine d'années auparavant, en 1790, les grandes élégantes (mais elles seules) s'habillaient ou se deshabillaient déjà de cette façon. Mme X... (i 86) et sa voisine de catalogue, la comtesse de Vauréal (i 89) étaient du nombre. Si, comme on le suppose parce qu'elle a

---

(1) Quelques indications de localité sont fournies par le répertoire existant. Par exemple : K 27, M. Julian (ou Rulian), de Bordeaux ; K 77, M. Morlot, de Beaune ; L 26 et 27, M. et Mme Hourcastrémé, du Havre ; M 8, M. Raymond, de Toulouse ; Q 63, M. Caristie, de Dijon ; Q 96, M. Poupart, de Sedan ; et d'autres.

l'œil vif, le nez fin, le menton un peu fort et le buste opulent, la première représente la belle Thérésia Cabarrus, on voit que Mme Devin de Fontenay la jeune s'attifait dès alors à la manière de la citoyenne Tallien.

Ne ressort-il pas en outre de certains autres médaillons, à la vérité peu nombreux, que la mode actuelle des cheveux courts avait déjà compté des adeptes parmi les clientes du même artiste ?

Ce n'est pas, comme on pourrait être tenté de le croire, après Thermidor, dès le règne du bourreau passé, au temps des *bals de victimes* — parades indécentes et d'ailleurs mal recrutées — qu'on vit sur quelques jeunes femmes de la société ces nuques dépouillées et ces coiffures d'aspect masculin. On remarquerait que ce fut, moins de dix ans plus tard, lorsque les hommes commençaient à mettre — au contraire — plus d'ordonnance dans leur tenue et que, pour tous ceux du nouveau monde politique, il n'eût déjà plus été de bon ton d'aller chez le citoyen et la citoyenne Bonaparte, avec les cheveux en oreille de chien, comme on y venait au lendemain de Brumaire.

Nous nous bornerons à ces quelques lignes sur la question de l'utilisation des physionotraces comme témoins des accoutrements d'autrefois. Pour pouvoir la développer, il faudrait avoir eu sous les yeux ces portraits groupés suivant une méthode plus scientifique que ne l'est pour toute grande collection celle d'un classement nominatif, dans lequel l'observation raisonnée se trouve continuellement mise en déroute.

Quel profit tirerait un enfant d'un album où ses timbres-poste auraient été disposés par ordre de couleurs ?

Notre étude touche à sa fin.

On sait en quoi consistaient les effigies familiales de Quenedey, c'est-à-dire ses physionotraces proprement dits, quelle en fut la forme, comment on doit les cataloguer et comment en peut les identifier, quelle place est à leur faire dans l'art et dans l'histoire. Tous ces points exposés, il ne nous reste plus pour achever notre programme qu'à parler brièvement de ses autres travaux en gravure ou de ses portraits d'édition : ce sera l'objet de notre dernier chapitre.

III

LES PORTRAITS D'ÉDITION DE QUENEDEY

Quenedey et Chrétien furent exclusivement des portraitistes. Tout autre domaine de la gravure est resté étranger à leur activité professionnelle.

Du second, l'on ne connaît que des physionotraces proprement dits.

On doit, au contraire, à Quenedey, en plus de ses *physionotraces* de cette sorte, d'autres figures gravées, au groupe desquelles l'expression générique de *portraits d'édition* nous a paru convenir. Elle marque bien qu'au lieu d'avoir été faits pour l'usage discret de la personne représentée, ces portraits ont été exécutés pour être mis dans le commerce courant des estampes ou pour être vulgarisés par le livre, sous la forme de frontispices.

C'est par leur destination, privée pour ceux-là, publique pour ceux-ci, que ces deux catégories de portraits se distinguent, plutôt que par leur mode de confection. En principe, c'est aussi par leur grandeur. Il n'y a cependant rien d'absolu dans ces différences. Certains physionotraces ordinaires ont servi de frontispices, comme il en est un que son possesseur eut l'idée d'utiliser en guise d'ex-libris ; mais telle n'avait pas été leur raison d'être initiale.

Cette partie de l'œuvre de Quenedey — ses portraits d'édition — n'a ni la même importance numérique, à beaucoup près, ni le même intérêt artistique que celle dont nous nous sommes occupés précédemment, encore qu'on puisse y voir quelques pièces assez finement traitées, surtout parmi celles de petite dimension.

Dans ce format réduit (in-12 ou in-18) nous citerons en les choisissant à diverses époques : les portraits de J.-J. Rousseau et de Voltaire, « l'un sur l'autre, imitant le camée, d'après les bustes de M. Houdon » (1791) ; le portrait de feu « Ch. Gravier de Vergennes, Ministre et Secrétaire d'Etat » (pour les affaires étrangères, sous Louis XVI), d'après un médaillon (i 26) ; celui de Henri IV (L 44) ; ceux de Pie VII (1804) et de Louis XVIII, « d'après nature » (?), tous de Quenedey seul.

On pourrait, à la rigueur, faire rentrer dans la catégorie des « physionotraces » celles de ces réductions qui furent répandues dans le public spécialement comme des articles de réclame pour ce genre de portraits (1).

Les véritables portraits d'édition sont ordinairement plus grands.

On en compte, en in-8°, un certain nombre. Signalons seulement : Anacharsis Cloots, « l'Orateur du genre humain » (L 43 du cat.), Etienne Calvel, de Toulouse (frontispice du *Traité des pépinières*, publié en 1805 par cet agronome) et « La Bonne Nourrice », une brave femme des environs de Troyes, qui reparaîtra sur notre liste des portraits de Quenedey concernant des personnes de l'Aube (Voy. à l'Appendice, au nom de : Berthier).

En in-4°, on rencontre notamment une « suite » de compositeurs célèbres, présentée dans un encadrement ovale uniforme. Elle pourrait servir à illustrer toute une histoire de la musique pendant la seconde moitié du dix-huitième siècle et les premières années du dix-neuvième. Bach mis à part, cette série comprend en effet : Berton, Boieldieu, Dalayrac, Dussek, Gaveaux, Gluck, Gossec, Grétry, Haydn, Isouard, Kreutzer, Méhul, Monsigny, Mozart, Paer, Sacchini, Spontini et d'autres peut-être, auxquels vint se joindre Steibelt, gravé par la fille de Quenedey.

Ces portraits furent édités pour la plupart de 1808 à 1813 ; les autres, sous la Restauration. L'artiste les vendait dans son magasin de la rue Neuve-des-Petits-Champs ou les écoulait chez les marchands de musique du voisinage : chez Naderman, en particulier, rue de la Loi (rue Richelieu), harpiste renommé, qui paraît avoir été le professeur d'Aglaé Quenedey et dont l'adresse se lit à côté de celle de l'auteur sous certains portraits.

Toutes ces figures de maestros n'avaient pu être prises sur le vif, au physionotrace. Plusieurs furent dessinés par ce procédé, seulement d'après des bustes, on ne sait parfois de quel sculp-

(1) Tel serait le cas du double camée de Voltaire et Rousseau, annoncé avec le « portrait de M. Mirabeau, d'après le buste de M. Teissier », au même prix de 12 sous, dans le *Moniteur* du 25 avril 1791. Mais il y avait eu d'autres exemples auparavant : M. Bailly, de plusieurs Académies et M. Michel, clarinette, d'après nature (*Jal de Paris*, 16 sept. 1788), Buffon (*Mercure de France*, 4 oct. 1788) et J.-J. Rousseau seul, d'après les bustes de Houdon, tous ceux-là gravés par Chrétien et vendus 24 sous ; l'acteur Larive, d'après nature, gravé par Quenedey (30 sous ; *Moniteur* du 7 juillet 1790) ; etc.

teur. Peut-être pour Gluck et pour Sacchini — dont c'est le cas (ils étaient morts avant 1789) — Quenedey s'était-il contenté d'aller à deux pas de sa demeure, sous les arcades du Palais Royal, emprunter ses modèles aux socles du café du Caveau (1).

Mais laissons tous ces musiciens pour voir aussi, gravés par lui dans le même format in-4°, quelques hommes de lettres ou de science.

Ce seront, par exemple, d'abord : Fénelon, appuyé sur un volumineux « Télémaque », d'après le tableau de Vivien et, pour être mis en pendant — cela est dit — J.-J. Rousseau, des fleurs dans une main, son « Emile » sous l'autre, d'après un dessin de Devosge (le fils du maître de Quenedey, à Dijon) : portraits de vulgarisation annoncés dans le *Moniteur*, au début de 1795, par des notes où l'on apprenait que « l'artiste ne pouvait faire un rapprochement plus judicieux ni réunir deux hommes plus dignes de se trouver ensemble,... [l'un et l'autre] victimes des persécutions de l'envie et des prêtres » (Nᵒˢ des 23 niv. et 24 pluv. an III).

De plus tard ce seront, en second lieu : (J.-R) Perronet, le célèbre ingénieur, créateur de l'Ecole des Ponts et Chaussées, d'après l'estampe d'Augustin de Saint-Aubin traduisant un dessin de Cochin fils, avec laquelle cette gravure à l'aquatinte et aux outils, pour honorable qu'elle soit, soutient mal la comparaison (portrait frontispice de la *Notice pour servir à l'éloge de M. Perronet*, par P.-C. Lesage, an XIII-1805 ; in-4°) ; enfin Gaspard Monge, d'après un dessin du peintre François Naigeon, de Beaune, compatriote du grand mathématicien, fondateur de l'Ecole polytechnique : portrait dont la planche a fourni par la suite les épreuves encartées dans l'ouvrage officiel de la *Description de l'Egypte* (tome II) (2).

Nous arrêterons là nos citations. Une liste plus longue ne prendrait utilement place que dans un catalogue. Pour une

---

(1) Café en vogue dont la galerie de bustes était réputée. Dès avant la Révolution, on y voyait ceux de *Gluck*, de Grétry, de Piccini et de *Sacchini*. Cette galerie existait encore sous l'Empire (Cf. *Almanachs du Palais-Royal* et tous les anciens Guides dans Paris).

(2) On doit, dans l'Aube, à M. Perronet l'élégant pont St-Edme (ou *pont Perronet*) de Nogent-sur-Seine, le premier en France qui ait eu un tablier horizontal, grâce à son arche elliptique (1768).

étude générale, elle n'offrirait rien qui pût ajouter à la réputation de notre compatriote.

Ses grands portraits manquent presque tous d'accent personnel, ils ont peu de vie, beaucoup sont secs, disent Renouvier et MM. Portalis et Béraldi. On n'y retrouve pas, ajoutent-ils, les qualités dont témoignent la plupart de ses physionotraces. C'est l'évidence même et, sous réserve de quelques exceptions, on peut étendre cette appréciation à ses « portraits d'édition » de tous formats.

⁂

Sans insister davantage sur ces productions d'un mérite secondaire, revenons-en donc, avant de clore notre examen de l'œuvre de Quenedey, à l'impression favorable qui se dégage des nombreux petits médaillons répandus par lui dans les familles aux époques de la Révolution, du Consulat et de l'Empire, période la meilleure de sa carrière de portraitiste.

Ces effigies n'ont pas seulement du charme en tant qu'estampes ; elles offrent aussi, beaucoup plus qu'on ne le soupçonne, de l'intérêt comme documents pour l'histoire d'une société. C'est ce que nous avons voulu démontrer principalement : cela explique que nous nous soyons autant appesanti, dans cette étude, sur les détails qui peuvent servir à mettre ces images en ordre utile et à en reconnaître les sujets.

Que tout ce que Quenedey, Chrétien et leurs rares imitateurs firent en cette sorte d'ouvrages n'ait pas été du très grand art ; soit. On ne saurait cependant soutenir que cela ne fut pas de l'art aimable et pendant un moment de l'art heureux.

A l'égard de notre compatriote, le peintre Edme Quenedey, des Riceys, qui mit les portraits au physionotrace à la mode en 1788 et qui, comme graveur, en entretint le genre jusqu'à ses derniers jours, en 1830, cela ne valait-il pas que l'on connût sa vie et son œuvre un peu mieux que par quelques lignes de dictionnaires ou d'articles généraux ?

Au lecteur d'en décider.

APPENDICE

§ Ier

Liste des portraits au physionotrace
de personnages intéressant le département de l'Aube
gravés par Quenedey ou par Chrétien

BLUGET DE VALDENUIT (Thomas), administrateur. Né et mort aux Riceys (1763-1846). Conseiller général de l'Aube, de 1800 à 1812. Ensuite sous-préfet et préfet dans divers départements. Nous reparlerons de lui plus longuement au paragraphe suivant.

A 10 (fin de 1788). Par Quenedey et Chrétien, profil à droite [Bibl. nat.] *Reproduit quelques pages plus loin.*

LA BRIFFE (Famille DE) : 1° Le comte de La B... (Pierre-Armand), né à Paris, mort à Arcis-sur-Aube (1772-1839) ; officier avant la Révolution, chambellan de Napoléon, comte de l'Empire en 1810 ; député de l'Aube sous la Restauration ; nommé pair de France en 1832 (ne siégea pas). Son père, colonel des Dragons de la reine, avait acheté en 1771 la seigneurie d'Arcis ; il prenait le titre de marquis ; Pierre-Armand le porta aussi, avant d'être officiellement anobli sous l'Empire : *D 47* (le Mis de La B., aux répertoires) ;

2° et 3° Mlles de La B.. (*D66* et *D67*) ; deux des trois sœurs du précédent : Angélique-Marie-Elisabeth, Antoinette-Mélanie et Catherine-Espérance ; nous ne savons laquelle serait à écarter ;

4° Mme de La B.. (*D 68*), mère des trois précédents ; née de Laverdy, fille d'un ministre de Louis XV guillotiné en 1793 ; veuve depuis 1776, elle possédait encore la seigneurie d'Arcis en 1789.

Ces quatre portraits, par Quenedey et Chrétien, sont du début de 1789 [Bibl. nat. : *D 66*, de profil à gauche ; *D 67* et *D 68*, à droite -- Collection particulière : *D 47*, aussi de profil à droite].

MOREL DE VINDÉ (Charles-Gilbert, vicomte), né et mort à Paris (1759-1842) ; conseiller au Parlement de Paris avant 1789 ; littérateur et agronome ; pair de France de 1815 à sa mort ; membre de l'Académie des Sciences. Posséda jusqu'en 1792 le château et la terre de Courtavant (commune de Barbuise, Aube).

F 42 (début de 1789), profil à droite [Bibl. d'art et d'arch.] — Autre du même personnage, en 1818, par Quenedey également, de profil à gauche, en pendant avec le portrait précédent retouché (frontispice de la *Généalogie de la Maison de Morel*, in-8°, 1820) [Bibl. nat.]

On doit à Morel de Vindé, entre autres ouvrages, une *Collection de quatrains moraux* (1790), fréquemment réimprimée sous le titre de *Morale de l'enfance*, dont plusieurs éditions (in-16) ont porté en frontispice le portrait F. 42. Cf. *Esquisses biog.* de M. Gérost, de Villenauxe (*Arch. Soc. Ac. de l'Aube.* Papiers Gérost, doss. 5).

BARRAL (DE) : 1° Claude-Mathias-Joseph (1714-1803), évêque de Troyes de 1761 à 1790 : *G 73* ;

2° Louis-Mathias (1746-1816), neveu du précédent et son coadjuteur à Troyes de 1788 à 1790 ; plus tard évêque de Meaux et archevêque de Tours : *H 1*.

Nous n'avons pu retrouver ni l'un ni l'autre de ces portraits exécutés par Quenedey et Chrétien, vers juillet 1789. Les deux personnages sont indiqués aux répertoires par leurs titres seulement : *M. l'Ev. de Troyes* et *M. l'Ev. de Troyes (coadjuteur)*, comme plusieurs autres dignitaires ecclésiastiques.

BABEAU (Jacques), né aux Riceys, mort à Troyes (1734-1798) ; conseiller au bailliage de Troyes avant la Révolution ; président de l'administration municipale de cette ville sous le Directoire. Epoux de Louise Levêque puis de Jeanne Rambourgt.

K 85, en costume de conseiller (courant de 1790), par Quenedey seul, profil à gauche [Bibl. de Troyes et dans la famille]. *Reproduit ci-contre.*

PISSIER (Edme-Joseph), né aux Riceys, mort à Troyes (1744-1814) ; chirurgien-accoucheur, puis officier de santé à Troyes, mort victime de son dévouement pendant une grave épidémie de typhus. Oncle maternel de Quenedey.

M 77 (courant de 1791), profil à ? [Vu nulle part]. Mentionné parfois, à tort, sous le nom de : Tissier, médecin.

PARISOT (Jean-Nicolas-Jacques), né et mort aux Riceys (1757-1838) ; avocat ; député du tiers-état aux Etats-Généraux de 1789 pour le bailliage de Bar-sur-Seine ; président du tribunal criminel et de la Cour de justice criminelle de l'Aube de 1792 à 1798 et de 1800 à 1810 ; conseiller à la Cour d'appel de Paris de 1811 à 1826.

M 87 (courant de 1791), profil à droite, par Quenedey seul [Bibl. de Troyes et dans la famille]. *Reproduit ci-contre.*

PHYSIONOTRACES DE QUENEDEY (Révolution : 1790 et 1791)

Jacques Babeau, conseiller au bailliage de Troyes

Jean-Nicolas Jacques Parisot, des Riceys
Député à l'Assemblée Constituante, Président du Tribunal Criminel de l'Aube

Guyot (Edme-Philippe), né à Estissac, mort à Troyes (1749-1823) ; notaire en cette dernière ville de 1775 à 1819, rue du Mouton-Blanc, puis place Saint-Pierre.

N 78 (fin de 1791), profil à droite, par Quenedey seul [Bibl. nat. et Musée Carnav.].

Dubois (abbé Jean-François), né à Louvrechies (Somme), mort à Troyes (1726-1803) ; curé de Saint-Remy (de la Madeleine et de Saint-Frobert, succursales) à Troyes ; député du clergé aux Etats-Généraux pour le bailliage de Troyes ; nommé curé de la Madeleine en 1802.

N 79 (fin de 1791), profil à droite, par Quenedey seul [Bibl, nat. et Musée Carnav.].

Morisot - Grattepain (Jacques-Philippe), né à Arthonnay (Yonne), mort à Balnot-sur-Laignes (1755-1823) ; homme de loi à Paris ; attaché à l'état-major du général Lafayette au début de la Révolution ; député de l'Aube de 1803 à 1807.

Q 7 (début de 1794), profil à droite, par Quenedey seul [Bibl. nat., cote mss.].

Menessier (Mme et M.), [*Q 83* et *Q 84*, aux répertoires]. *Peut-être* s'agit-il de Mennesier (Joseph-Louis), né à Chennegy, mort à Troyes (1756-1815) ; administrateur dans l'Aube en 1790 et en 1792 ; député de ce département de l'an VII à l'an XI ; finalement juge au tribunal civil de Troyes ?

Le portrait ci-contre, œuvre du graveur Gonord — qui fut lui-même un portraitiste « au physionotrace » et à qui l'on doit une « suite » de députés au Conseil des Cinq-Cents, dans la forme spéciale de cette petite estampe [Bibl. nat. N a 45 a et Bibl. de Tr.] — pourrait permettre d'accepter ou de rejeter *notre supposition*, par la comparaison des figures, le cas échéant, car nous n'avons vu *Q 84* nulle part.

En dépit des apparences, ce portrait de Mennesier n'est pas du « type » des physionotraces.

CORBERON (Famille DE). Certains membres de cette famille avaient des attaches dans l'Aube à l'époque de la Révolution. *Peut-être* quelqu'un d'entre eux se trouve-t-il représenté par *H 66* (Bibl. nat. et Bibl. d'art et d'arch.), *Q 66* (Bibl. d'art et d'arch.), *R 14* et *15* (Mlle, Mme, Mmes et Mr Corberon ou de Corberon, aux répertoires) ?

MM. GUENIN (*H 16*, Bibl. nat.) et MAUROY (*N 49*), seraient *peut-être* aussi à ranger parmi les personnes originaires de l'Aube.

Pour le premier, nous avions tout d'abord cru et même écrit dans la partie biographique qu'il s'agissait d'un M. Guenin, des Riceys ; mais, depuis, nous avons dû reconnaître le caractère douteux de l'indication qui nous avait été primitivement fournie.

Pour le second, M. Mauroy, notre supposition ne repose que sur le nom lui-même, qui est celui d'une ancienne famille troyenne. Nous n'avons pu recueillir près des derniers descendants de celle-ci aucun souvenir se rattachant à ce portrait.

BERTHIER (Marie-Anne, femme de Louis RAGUIN), née près de Troyes et morte en cette ville (1754-1813) ; « la bonne nourrice » de l'émigré A.-F. Janson, pour lequel elle fit preuve d'un dévouement un peu comparable à celui de Mme Legros pour Latude (voir, à leur sujet, dans l'*Annuaire de l'Aube* de 1909, l'article de M. Alb. Babeau et dans l'*Annuaire* de 1915, celui de M. L. Morin sur *Les domaines du Moulinet et du Pavillon*, p. 50 et suiv.).

Portrait frontispice ovale in-8° (profil à droite, curieux bonnet), en tête d'une brochure publiée vers 1803, par l'homme de loi troyen Truelle Chambcuzon, pour obtenir du gouvernement consulaire, en faveur de Janson, sa radiation de la liste des émigrés et la restitution de ses biens ; reproduit dans l'*Annuaire* de 1909, sans les mentions gravées sur l'épreuve définitive : « *M. A. BERTHIER, F^{me} RAGUIN — La Bonne Nourice — Dess. et gravé au Physionotrace, par Quenedey, rue Neuve-des-petits-Champs, n° 1284, à Paris* » [**En épreuve avant la lettre à la Bibl. nat.**].

Simon (Edouard-Thomas), né à Troyes, mort à Besançon (1740-1818) ; médecin et publiciste à Troyes ; bibliothécaire des Conseils législatifs, puis du Tribunat, à Paris ; finalement professeur de Belles-Lettres à Besançon.

Par Quenedey seul, en 1810, profil à gauche [Bibl. de Troyes et Bibl. nat.]. *Reproduit ci-contre.*

Charbonnet (Pierre-Mathias), né à Troyes, mort à Paris (1733-1815) ; d'abord prêtre ; professeur au collège Mazarin, puis recteur de l'Université à Paris, avant la Révolution ; professeur de Belles-Lettres à l'Ecole centrale de l'Aube ; finalement professeur d'éloquence au Lycée Charlemagne, à Paris.

Par Quenedey seul, en 1811, profil à gauche [Bibl. nat.]. *Reproduit ci-contre.*

Babeau (Augustin-Pierre), né et mort à Troyes (1768-1855), fils de Jacques Babeau (ci-dessus) et de Jeanne Rambourgt ; commissaire du Directoire exécutif près le canton de Thennelières (Aube) en l'an IV ; entré dans l'administration des postes sous le premier Empire, il en devint le directeur à Troyes.

Par Quenedey seul, en 1824, profil à droite, médaillon rond, à coins. [Dans la famille et à la Bibl. nat., en épreuve avant la lettre (*acq. 7138-38*), portant la mention ancienne au crayon gras : « M. Babeau de Troyes, 40 fcs »] *Reproduit ci-après, moins la mention d'adresse et la date gravées tout en bas de la planche.*

X.., de Troyes.

Par Quenedey seul, en 1828, profil à gauche [Bibl. nat. (anonymes), épreuve avant la lettre, portant la mention ancienne au crayon gras : «... de Troyes, 40 fcs » et dans une collection particulière, avec la mention d'adresse et la date gravées]. Certains traits de ressemblance avec le portrait précédent donnent à penser qu'il pourrait s'agir d'une personne de la même famille.

Hubert (abbé Henri-Remi), né à Châlons-sur-Marne, mort à Troyes (1760-1842) ; prêtre du diocèse de Châlons, passé à son retour d'émigration dans celui de Troyes, où il devint chanoine et vicaire général ; bibliothécaire de la Ville de Troyes, bienfaiteur du musée ; fut secrétaire et président de la Société Académique. Officier de la Légion d'Honneur.

Par Quenedey seul, en 1828, profil à gauche, en costume ecclésiastique avec décorations ; ovale, à coins [Bibl. de Troyes. A la Bibl. nat. (*acq. 7138-39*), épreuve portant à l'encre la mention ancienne inexacte : « M. l'abbé Hebet, 40 (fcs) »] *Reproduit ci-après, moins la mention d'adresse et la date gravées tout en bas de la planche.*

Edouard-Thomas Simon, littérateur et Pierre-Mathias Charbonnet, professeur
(de Troyes)

PHYSIONOTRACES DE QUENEDEY (Restauration : 1824 et 1828)

Aug.-Pierre Babeau, directeur des postes à Troyes

L'abbé Henri-Remi Hubert, vicaire général, bibliothécaire de la Ville de Troyes

[MARCHAL DE SAINSCY (Anne-Edmée), née en 17.., morte à Troyes en 1826 ; femme du marquis (L.-M.) de Mesgrigny, qui fut député de la noblesse du bailliage de Troyes aux Etats-Généraux de 1789].

[S. Lieutaud, dans ses *Portraits de Champagne*, cite ce médaillon ovale comme étant un « physionotrace » ; il en a les apparences et pourrait être de Quenedey ; mais, sur l'estampe de la Bibl. de Troyes (*Coll. Fortin ;* en tête d'un Memento), aucune inscription jointe ne permet d'être affirmatif. Nous ne mentionnons donc ici ce portrait que pour mémoire].

QUENEDEY (Edme), né aux Riceys, mort à Paris (1756-1830), peintre en miniature et portraitiste au physionotrace ;

Et sa famille.

La physionomie de Quenedey est, de façon sûre, connue surtout par le portrait que Soliman Lieutaud grava à l'eau forte d'après un dessin ou une peinture de l'artiste lui-même. Sur cette estampe, où la tête se détache en forme de camée, on lit en bas, tantôt : « *P. A. V. et Soliman L. sc.* », tantôt : « *Quenedey delineavit - - Soliman Lieutaud sculpsit* », avec la mention nominative : « *Edme* Quenedey, *peintre, né aux Riceys, etc...*» en plus.

Le graveur châlonnais Adolphe Varin a reproduit aussi (pour Vignères, croyons-nous) les traits de Quenedey, d'après le dessin de ce dernier ; in-8 (Voy. ce dessin, Pl. I, 3, partie biog.).

Il existe, d'autre part, à la Bibliothèque nationale (*acq. 7138-39*) un médaillon à double portrait, dessiné et gravé par l'artiste vers 1803 ou 1804, représentant, suivant une mention manuscrite au crayon : « Quenedey et sa femme » (Voy. Pl. III, 5, partie biog.). Nul doute en ce qui le concerne ; quant à l'autre visage, nous pensons qu'il est celui de sa fille aînée, Adèle, alors âgée de quinze ans, plutôt que celui de Marie-Madeleine Pella, sa femme.

Peut-être celle-ci devrait-elle être vue dans la personne qui nous est montrée par un physionotrace de 1811 [Bibl. nat. *acq. 7138-39*] portant, à la mine de plomb comme le précédent, l'indication : « Mme Quenedey mère ». Ce portrait ne saurait être en effet l'image de la brave vigneronne octogénaire qu'était alors Françoise Quenedey (née Pissier) ; il n'offre d'ailleurs aucune ressemblance avec celui que son fils fit d'elle sept ans plus tard, en 1818, au crayon lithographique (Pl. IV, 5, partie biog.). Il est, en tous cas, le portrait de quelque proche parente de cette dernière, car l'un de ses descendants en possède encore une épreuve transmise par héritage.

Le père et la mère de Quenedey sont enfin probablement représentés par les *miniatures*, peintes à des dates que nous ne saurions préciser, *dont nous donnons ci-après la reproduction en grandeur d'exécution.* Ce sont, de lui, les deux seules miniatures véritables que nous ayons pu voir. Nous en devons la communication à la très grande obligeance d'une arrière-petite-nièce de l'artiste, dans la famille de laquelle elles sont conservées de temps immémorial.

Miniatures de Quenedey (Epoques indéterminées)

Probablement Etienne Quenedey et Françoise Pissier, sa femme
(des Riceys) [*Portraits de famille, exécutés à des dates différentes*]

Au dos du cadre de la première, on lit : « Frère de mon grand'père Vincent : Quenedey, dit le peintre, né aux Riceys vers 1755. *Se ipse fecit* » et, au dos du cadre de la seconde : « Mme Quenedey, épouse du peintre ». Ces notes sont deux probants exemples de la rapide inprécision des souvenirs familiaux que nous avons déjà signalée. Pour la paysanne, sa coiffe et son mouchoir de cou révèlent à n'en pouvoir douter, par comparaison avec le portrait lithographié de 1818, qu'il s'agit, non de la femme, mais de la mère du peintre. Quant à l'homme, à qui ses cheveux flottants et sa veste ouverte sur le plastron du gilet donnent l'allure d'un petit bourgeois campagnard, plutôt que celle d'un artiste parisien, nous inclinons à croire qu'il s'agit du mari de la précédente et non de son fils. D'après ses portraits gravés, celui-ci, le peintre, avait d'ailleurs le nez droit et non busqué, comme le personnage de la miniature, son père probablement, à en juger par un autre portrait de famille qui nous a été soumis.

⁂

Outre les physionotraces dessinés par Quenedey et gravés par Chrétien ou dessinés et gravés par Quenedey seul, dont nous venons de donner une énumération sans doute incomplète, il existe, dans le même genre, un certain nombre d'autres portraits de gens de l'Aube, qui ont été dessinés par les peintres miniaturistes Fouquet ou Fournier et gravés par Chrétien.

Voici, pour mémoire, ceux que nous connaissons.

1° Par Fouquet et Chrétien :

Coquet, greffier à Troyes, prof. à dr. [Bibl. de Tr.]

Hurlot, de Troyes, prof. à dr. [Bibl. de Tr.]

Jeoffroy-Gény, manufacturier et négociant à Troyes, prof. à dr. [Bibl. de Tr.]

Lefebvre (A. B.), ingénieur (1734-1807), prof. à dr. — et sa fille, Amélie (belle-sœur de M. Arsène Babeau, fils de Jacques Babeau mentionné ci-dessus et Jeanne Rambourgt), prof. à dr. [Dans la famille]

Sauvageot-Ducroisi (Olivier), né à Chessy, mort à Paris (1752-1808), littérateur et bibliophile ; prof. à dr., en 1792 — et sa fille (an IV) [Coll. part.].

2° Par Fournier et Chrétien :

Blampoix (Jean-Baptiste), prêtre, né et mort à Mâcon (1740-1820) ; d'abord professeur en cette ville ; passé dans le diocèse de Troyes, il y devint curé de Vendeuvre, adhéra à la constitution civile du clergé et fut choisi pour second évêque constitutionnel de l'Aube ; se retira dans son pays d'origine après avoir démissionné en 1802.

Nous reproduisons ici son portrait. On ne le trouve dans aucune collection publique. La légende : « *le Cit. J. B. Blampoix, Evêque de Troyes, sacré à Paris le 4 nov. 1798* », est de la main de Chrétien. Elle permettra de reconnaître, comme nous l'avons indiqué précédemment, que les cotes et les mentions gravées sur les physionotraces de

Quenedey et Chrétien sont bien, jusqu'à H30, de l'écriture de ce dernier, plus arrondie que celle de Quenedey. (Voir, pour comparer, l'inscription du portrait de Jacques Babeau, reproduit ci-devant).

PÉRIER (Casimir) (1777-1832) ; député de la Seine, puis de l'Aube (de 1827 à sa mort), ministre de Louis-Philippe ; prof. à dr. (vers 1800) [Dans la famille].

*
* *

De Bouchardy, nous n'avons rencontré aucun portrait d'une personnalité troyenne ou auboise ; ce n'est pas à dire qu'il n'y en ait point,

§ II

Le Physionotrace aux Etats-Unis (1793-1814).
MM. de Saint-Mémin et de Valdenuit, compatriotes de Quenedey

Le genre des portraits au physionotrace fut importé en Amérique — on pourrait presque dire qu'il y fut créé — à l'époque de la révolution française, par un gentilhomme bourguignon émigré qui, pour vivre, s'était tout d'abord adonné au dessin et à la gravure et qui, grâce à son esprit inventif, avait réussi d'après quelques renseignements oraux à construire un appareil analogue à celui de Chrétien. Jusqu'au rétablissement de la Monarchie en France, il pratiqua ce genre à New-York et dans plusieurs villes voisines de la côte : Philadelphie, Baltimore, Washington, entre autres.

Né à Dijon en 1770, fils d'un conseiller au Parlement de Bourgogne, ce gentilhomme se nommait Charles-Balthazar-Julien Févret de Saint-Mémin. Ancien officier dans l'armée des Princes, il était passé de Suisse aux Etats-Unis en 1793, avec l'intention de gagner dans les Antilles l'île française de Saint-Domingue (aujourd'hui Haïti), où sa mère, originaire de cette colonie, possédait des propriétés importantes.

Nous ne nous étendrons pas sur les occupations étrangères à notre sujet auxquelles, pour assurer son existence et pour faciliter celle de ses parents venus le rejoindre, l'industrieux M. de Saint-Mémin dut se livrer pendant le séjour d'une vingtaine d'années (interrompu par un seul voyage en France vers 1810) qu'il fit outre-mer avant de revenir définitivement sous la Restauration dans sa ville natale, où, jusqu'à sa mort survenue en 1852, il exerça les fonctions de conservateur du Musée municipal avec la compétence d'un artiste doublé d'un savant.

Pour plus de renseignements sur sa vie et sur ses travaux, on pourra consulter la notice qu'un jeune ami, reconnaissant de sa protection, M. Philippe Guignard, lui a consacré presque au lendemain de son décès dans les *Mémoires* de l'Académie de Dijon (II, 1852-53).

Rappelons seulement ici que l'œuvre dessiné et gravé par de Saint-Mémin, de 1793 à 1814, comprit environ un millier de portraits d'Américains plus ou moins connus (quelques-uns sont célèbres), de Français expatriés comme lui, de chefs indiens visités dans ses excursions et, d'autre part, un certain nombre de vues de villes et de sites pittoresques.

Parmi ces vues figurait une reproduction panoramique de la chute du Niagara, remarquable d'exactitude, tracée tout entière à l'aide d'une grande chambre obscure de sa fabrication, qu'un excès de modestie, a-t-on dit, l'aurait empêché d'exposer à Paris au Salon de 1810, malgré l'insistance de ses amis.

Comment M. de Saint-Mémin avait-il été amené à prendre pour « gagne-pain » — ce mot est de lui — l'état de portraitiste ? (1).

Son biographe (M. Guignard) nous l'indique très brièvement dans les seules phrases suivantes : « Témoin de ses premiers « succès en gravure, *un de ses compatriotes, ancien garde du* « *corps, lui suggéra l'idée de faire des portraits au physiono-* « *trace,* [genre très en vogue à Paris, mais inconnu en Améri- « que] ». Et plus loin : « *Un autre compatriote, M. de Valde-* « *nuit, s'était joint à lui au début de son entreprise :* ils avaient « formé entre eux une sorte d'association et les premiers por- « traits gravés par M. de Saint-Mémin portent leur double signa- « ture. M. de Valdenuit quitta l'Amérique vers 1797... ».

Le « compatriote » mentionné en premier était-il seulement un français ? Ou bien doit-on comprendre qu'il était, comme le second et comme de Saint-Mémin lui-même, un bourguignon ? On ne sait qu'en penser, faute de toute autre précision.

Mais n'est-il pas, d'autre part, bien singulier qu'après avoir d'abord rencontré, à New-York, un connaisseur suffisamment averti pour l'engager à graver des physionotraces, M. de Saint-Mémin ait aussitôt trouvé, dans cette même ville, un auxiliaire qui sût ce dont il s'agissait, pour avoir fait faire ainsi son portrait et qui — par surcroît — fût précisément un concitoyen du protagoniste de ce genre d'ouvrages, comme on va le voir ?

Cette double fantaisie du hasard, assez peu vraisemblable, nous porte à croire que les deux « compatriotes », séparés par la plume de M. Guignard (peut-être du fait de quelque confu-

---

(1) « *Gagne-pain d'un exilé aux Etats-Unis d'Amérique, 1793-1814* », écrivit-il en tête d'un album de quelques-uns de ses portraits, offert en souvenir à son ami Gabriel Peignot (Savant bibliographe, ancien Inspecteur d'académie de la Côte-d'Or, né à Arc-en-Barrois, mort à Dijon [1767-1849], dont il existe un physionotrace dessiné et gravé par Quenedey en 1802).

sion de souvenirs), se réunissaient probablement dans la personne de M. de Valdenuit.

Il semble bien, dans tous les cas, qu'en lui apportant sa collaboration, ce dernier ait joué vis-à-vis de M. de Saint-Mémin le
rôle « d'entraîneur », primitivement joué par Quenedey vis-à-
vis de Chrétien, et qu'en Amérique comme en France l'idée de
répandre dans les familles la portraiture en estampe soit une
idée de riceton.

*
**

Comme Quenedey, M. de Valdenuit était en effet originaire des
Riceys ; avec ces différences, qu'il avait vu le jour dans la
paroisse de Ricey-bas et non dans celle de Ricey-haut, sept ans
plus tard que le fils du vigneron (en 1763) et qu'il naquit gentilhomme.

Sa gentilhommerie, obtenue au meilleur compte, était en outre
de fraîche date. Il la devait à l'acquisition que son grand-père
Thomas Bluget, président au grenier à sel de Mussy-l'Evêque
(aujourd'hui Mussy-sur-Seine), avait faite, en 1745, de la charge
anoblissante de secrétaire du roi près la chancellerie du Parlement de Metz : une de ces charges honorifiques d'un commerce
courant à la fin de l'ancien régime, appelées par la malice publique des « savonnettes à vilains ».

Quant au nom de Valdenuit, déjà pris par son père Gaspard
Bluget, il le tenait de celui d'une ancienne ferme de l'abbaye de
Notre-Dame de Châtillon-sur-Seine, située près de Riel-les-
Eaux (commune du département actuel de la Côte-d'Or), égale-
ment achetée par son grand-père paternel.

Ayant eu ce même grand-père pour parrain, notre gentilhomme se nommait au total : Thomas Bluget de Valdenuit.

Ses parents n'eurent pas d'autre enfant. Il reçut en conséquence une bonne instruction dirigée vers le métier des armes.
Du collège des Oratoriens de Troyes, où tout d'abord on l'avait
mis, on l'envoya continuer ses études à l'Ecole de Brienne : il
venait d'en sortir quand le jeune Bonaparte y entra.

Passa-t-il ensuite par l'Ecole militaire de Paris, dont de Saint-
Mémin, moins âgé que lui de sept années, fut l'un des élèves ?
C'est possible, car nous avons lu — à la vérité sur une pièce un
peu sujette à caution — qu'il aurait été « officier d'infanterie »
avant la Révolution, Il ne semble pas toutefois qu'il ait pris

comme tel du service ou, dans le cas contraire, qu'il en ait pris longtemps.

Son profil, « dessiné par Quenedey avec le physionotrace inventé par Chrétien » vers le mois d'août 1788 [A 10], ne nous le montre point d'ailleurs sous l'uniforme. A peine âgé de vingt-cinq ans, d'agréable figure et de mise élégante, il a, sur ce portrait, presque l'air d'une femme, avec sa chevelure toute bouclée et son col entr'ouvert sur un jabot de dentelle : d'aucuns s'y sont mépris (1).

Déjà maître, à ce moment, de l'héritage de ses parents (son père était mort en 1785 et sa mère, née Reine Leseure, en 1787), M. de Valdenuit vivait plus souvent et plus volontiers à Paris que dans son bourg natal.

Thomas Bluget de Valdenuit, des Riceys

Lors des assemblées électorales qui se tinrent à Bar-sur-Seine en 1789, il vint cependant y prendre part aux côtés de son oncle Thomas-François Bluget, parmi les nobles « non possédant fiefs ». Un autre de ses oncles, Nicolas Bluget, curé des trois Riceys, fut alors choisi comme député du clergé aux Etats-Généraux pour le bailliage de Bar.

Les réunions terminées, le jeune gentilhomme retourna dans la capitale et — c'est son oncle qui parle — « ne reparut à Ricey que pour vendre ses fonds » a la fin de 1791, moyennant 70.000 livres.

Cette opération était le prélude de son exode.

---

(1) Au manuscrit de l'Institut d'histoire de la Ville de Paris, on lit, à la cote A 10, le nom de : *Mr de Valdemier,* qui est une des erreurs orthographiques assez nombreuses de ce répertoire. Plusieurs épreuves de A 10, vues par nous, portent à l'encre ancienne d'une façon presque exacte : *Mr de Valdenuict.* Des transcriptions empruntées plus récemment au répertoire indiquent enfin, par une correction fautive qu'excuse l'allure féminine du portrait : Mme de Valdemier.

Dans le courant de 1792, en effet, des raisons indépendantes des événements politiques le déterminèrent à se rendre dans nos possessions d'Amérique, non sans avoir fait faire à la municipalité des Riceys, lieu de son domicile, « une signification de la nécessité dans laquelle il se trouvait d'effectuer ce voyage » : la précaution était bonne à l'égard de l'administration du département de l'Aube ; par malheur, il oublia de la renouveler en Côte-d'Or, où, indivisément avec son oncle Thomas-François, il possédait encore la ferme de Riel-les-Eaux.

Après un court séjour à Nantes (assez long cependant pour y nouer des relations qui devaient aboutir, par la suite, à une alliance), M. de Valdenuit s'y était embarqué et, le 3 janvier 1793, il arrivait à la Guadeloupe.

Quelques mois plus tard la résidence dans cette île n'allait plus être de tout repos.

Le 4 mars, il tranquillisait ses oncles en leur annonçant que « l'arrivée de la frégate *La Félicité* (celle de M. de Rochambeau) avait rétabli partout la tranquillité » ; mais, le 6 avril, le son de cloche différait déjà : « la guerre, leur écrivait-il, n'a pas encore lieu ici ; elle n'est point annoncée officiellement dans les îles anglaises et peut-être n'en aurons point du tout ». Le contraire se produisit. La guerre fut déclarée par les Anglais et par contre-coup des troubles graves éclatèrent à la Guadeloupe — ainsi qu'à Saint-Domingue — entre les colons de race blanche et les noirs indigènes, dont l'esclavage avait été aboli.

Vers la fin de l'année, ces événements obligèrent M. de Valdenuit à se transporter aux Etats-Unis. C'était juste au moment où il venait d'être inscrit sur la liste des émigrés par l'administration du département de la Côte-d'Or, faute d'avoir fait parvenir à celle-ci des justifications suffisantes de son absence de France. Son passage effectif en territoire étranger ne devait pas permettre avant longtemps de faire modifier la décision prise à son égard, le 3 octobre 1793, à Dijon, la Terreur sévissant.

A New-York, où beaucoup de colons des Antilles étaient venus chercher un refuge, M. de Valdenuit rencontra M. de Saint-Mémin arrivé d'Europe en cette ville un peu avant lui.

Renseigné sur l'agitation qui régnait au pays de sa mère, ce dernier avait abandonné tout projet de se rendre à Saint-Domingue avant le retour d'une situation plus calme.

En attendant, il lui fallait passer le temps... et vivre.

L'analogie de leur position, la similitude de leurs origines, une certaine conformité de goûts et d'aptitudes devaient amener les deux gentilhommes bourguignons à se lier assez intimement, ainsi qu'il advint. Ensemble, pendant les quatre années que durèrent leurs relations aux Etats-Unis, ils firent donc par intermittence de la portraiture au crayon ou en estampe notamment (comme l'on sait déjà) et, au risque d'aventures, quelques pérégrinations dans les profondeurs du continent américain.

C'est au cours de ces randonnées lointaines que M. de Saint-Mémin dessina les portraits d'Indiens dont nous avons parlé et qu'il parvint jusqu'à la chute du Niagara, dont le spectacle grandiose était resté lié dans sa mémoire au souvenir, transmis par son biographe, du panorama qu'il en avait tracé.

La même cause engendra chez son compagnon un cas tout semblable de réminiscence.

Des conversations échangées entre M. de Valdenuit devenu vieux et l'un de ses amis des Riceys (M. Guenin, historien de ce pays), le seul point que ce dernier ait retenu sur le séjour de son interlocuteur aux Etats-Unis et qu'il ait consigné dans une courte note biographique restée manuscrite, est en effet le suivant, assez curieux à rapprocher de celui que M. Guignard avait enregistré de son côté : « En 1795 — écrivit (vers 1850) « M. Guenin — se trouvant à New-York, M. de Valdenuit entre- « prit avec un de ses amis [*M. de Saint-Mémin évidemment,* « *bien qu'on ne le nomme pas*] une excursion de plus de deux « cents lieues à travers les forêts vierges et les peuplades sau- « vages décrites par Chateaubriand, pour voir une des mer- « veilles du monde, le saut du Niagara, dont il rapporta en « France deux ans plus tard [en 1797] la première esquisse « fidèle qu'on ait connue ».

Mieux que celui de sa réelle modestie, ce motif d'antériorité nous paraît expliquer le refus de M. de Saint-Mémin d'exposer en 1810, à Paris, son propre dessin remontant à près de quinze ans.

La notice de M. Guenin ne dit rien des portraits faits en Amérique dans le genre des physionotraces par MM. de Saint-Mémin et de Valdenuit. Sans doute celui-ci avait oublié cette occupation d'un moment, qui, pour lui, probablement moins embarrassé d'argent que son compatriote, fut alors un passe-temps plutôt qu'un gagne-pain ; il n'en parlait plus. M. Guenin connaissait bien Quenedey et ses ouvrages ; la moindre allusion au physionotrace n'eût pas manqué de frapper son esprit et d'amener sous sa plume un rapprochement qui s'imposait.

Jadis, pendant son exil, M. de Valdenuit ne s'en était pas moins livré certainement à la portraiture. De quelle manière ?

Comme dessinateur ? ou comme graveur ?

Il fut tantôt l'un, tantôt l'autre, parfois l'un et l'autre ; à la vérité, le plus souvent il fut le dessinateur. Les rares estampes de lui que nous avons pu voir n'ont rien de remarquable. Les planches de Saint-Mémin, au contraire, arrivèrent à dépasser en mérite celles de Quenedey ; elles ont fourni des épreuves d'une facture excellente et très personnelle.

De l'œuvre de M. de Saint-Mémin, nous ne connaissons guère que ce que renferme l'album de la Bibliothèque nationale, soit 545 portraits de profil et en médaillon rond pour la plupart, dont deux le représentent lui-même. Presque tous sont anonymes et la majorité d'entre eux ne portent aucune mention d'origine ; on ne saurait toutefois s'y tromper par la comparaison avec ceux qui sont signés.

La double signature « Saint-Mémin et Valdenuit », se rencontre là sur onze portraits seulement. Tous donnent une adresse à New-York ; deux sont datés (de « 97 », c'est-à-dire de 1797) ; un seul spécifie qu'il avait été « dessiné par Valdenuit et gravé par Saint-Mémin » (1).

Ces indications sont insuffisantes pour donner une idée de la part, assurément plus importante, que de Valdenuit prit à l'exécution des premiers physionotraces américains. D'autres éléments d'information seraient à découvrir.

Nous ne les avons pas recherchés. Sa coopération n'étant

---

(1) Les mentions indiquées sont, soit simplement : *St-Mémin et Valdenuit* (ou : *Valdenuit et St-Memin*), n° 27, *Pine St* (ou : *n° 11, Fair St*), *New-York* ; soit : *Drawn by Valdenuit et engraved by St-Memin...* [*avec l'adresse*]. Beaucoup de portraits de Saint-Mémin seul ne portent que ses initiales : *S. M.* Une « silhouette » de l'album de la Bibliothèque nationale est signée : *S. M. et V.*

Comme estampe de Valdenuit, signalons un portrait de femme, portant la mention : *Drawn by Grimaldi, engraved by Valdenuit, New-York, J⁶ᵗ 1797*, l'un des derniers qu'il fit probablement, d'après sa date de juillet 1797. Selon toute apparence, Grimaldi, qui dessina ce portrait, était aussi un émigré français.

Bien qu'aucune de ces mentions ne fasse allusion à l'emploi d'un physionotrace, il est cependant avéré que Saint-Mémin eut recours à **un instrument de ce genre, fabriqué par lui.**

nullement douteuse, ce que nous avons entrepris de mettre ici en lumière, c'est moins ce qu'il fit à ce point de vue, que ce qu'il fut lui-même. C'est sa personnalité surtout que nous avons voulu dégager des limbes, dont jusqu'alors, en notre matière, son nom seul était sorti.

Racontons donc succinctement la suite de son existence.

*
* *

Rappelé par des questions d'intérêt et d'héritage, à la mort de son oncle Thomas-François, M. de Valdenuit rentra en France au mois de septembre 1797. Vraisemblablement, en prouvant que la guerre seule l'avait contraint à quitter la Guadeloupe (dont les Anglais s'étaient rendus maîtres quelques mois après son passage aux Etats-Unis), il put obtenir assez vite sa radiation de la liste des émigrés, car on ne voit pas qu'il ait été inquiété dans sa personne ou dans ses biens, une fois de retour au pays.

Un an plus tard, en effet, « le citoyen Thomas Bluget, propriétaire aux Riceys et domicilié dans cette commune » épousait à Paris « la citoyenne Rosalie-Pauline Main, âgée de dix-neuf ans ». Le ménage s'installa dans la superbe maison dominant Ricey-bas, que M. de Valdenuit père et son frère avaient fait construire dans le grand goût français du dix-huitième siècle (1).

Vint, après une année encore, le coup d'Etat de brumaire (9 novembre 1799). Bonaparte au pouvoir, le préfet de l'Aube ne manqua pas de faire entrer au conseil général du département, dès la formation de cette assemblée, un gentilhomme-propriétaire qui, comme le premier consul, avait été élevé à l'Ecole militaire de Brienne : *persona grata* de ce fait et déjà ralliée

---

(1) Notons, pour mémoire, qu'il existe parmi les physionotraces de Quenedey des portraits d'une dame Main (J 41) et d'un officier, M. Mein (L 39), apparentés peut-être avec Mlle Main, qui devint Mme de Valdenuit.

La belle maison des Bluget, passée dans la famille Houët, puis aux mains de M. de Mauvise, était encore connue, aux Riceys, comme propriété de ce dernier il y a quelque quarante ans. Depuis, cette demeure de grand air a été endommagée et de beaucoup réduite par un incendie.

d'ailleurs au nouveau gouvernement. M. Bluget de Valdenuit conserva les fonctions de conseiller général jusqu'en 1812.

Entre temps, devenu veuf, il s'était remarié avec Mlle Puissant de Saint-Servan, fille d'un ancien président à la Cour des comptes et des aides de Nantes, port qu'il avait jadis un moment habité ; de plus, elle était la cousine germaine de Mme de Bondy (née Hamelin), dont le mari, chambellan de Napoléon, maître des requêtes au Conseil d'Etat, baron puis comte de l'Empire, fut nommé en 1810 préfet du Rhône (1).

Cette parenté de sa seconde femme ouvrit sur le tard à M. de Valdenuit la carrière administrative. A l'approche de la cinquantaine, sur la recommandation du comte de Bondy, il y entra comme sous-préfet de Villefranche (Rhône), en avril 1812. Passé de là à Lunéville, puis à Châteaudun, il devint préfet de la Charente, en août 1820, ensuite de la Lozère et finalement du Jura. L'établissement de la monarchie de Juillet le rendit à la vie privée, par une mise à la retraite, en septembre 1830.

M. de Valdenuit vécut jusqu'en 1846. Au mois de novembre de cette année, âgé de plus de 83 ans, il succomba (sans avoir laissé de postérité masculine) dans son pays natal, qu'il n'habitait plus.

Il demeurait alors à Fontainebleau, d'après son acte mortuaire dressé à la mairie des Riceys sur la déclaration de deux « amis du défunt », dont l'un fut M. Alexandre Guenin, aux notes inédites de qui nous empruntons cette appréciation finale : « La nature avait doué M. de Valdenuit des qualités les plus précieuses de l'esprit et du cœur. Il se distinguait particulièrement par son goût pour les arts utiles comme pour les arts d'agrément, qu'il cultiva jusqu'à la dernière heure ».

De ce goût pour les arts, la seule preuve qui subsistera long-

---

(1) Notons encore, à titre de curiosité pour l'objet de notre étude, qu'on trouve également parmi les portraits dessinés par Quenedey et gravés par Chrétien, ceux d'un M. de Bondy (F 88) et d'un M. Hamelin (A 77), dont les modèles appartenaient certainement aux familles respectives du comte et de la comtesse de Bondy, dont il s'agit ici. Il se pourrait même que F 88 fût le comte en personne ; quant à la comtesse, elle était la propre belle-sœur de cette Mme Hamelin, créole de Saint-Domingue — « le plus grand polisson de France » (au dire du général Thiébault, dans ses *Mémoires*) — qui fit beaucoup parler d'elle sous Napoléon.

temps, contre toute attente de sa part, sera sans doute — sous des figures américaines dessinées au loin pour sa distraction et sorties de sa mémoire — la mention des signatures jumelles : *Saint-Mémin et Valdenuit,* inscrite sur quelques estampes de physionotraces !

Pour l'histoire de ce genre de portraits, on savait déjà, par la notice ancienne de M. Guignard et mieux encore, quant à son œuvre de portraitiste, par des articles récents de miss Mary Martin, qui était Saint-Mémin ; ces quelques pages contribueront à faire connaître son compagnon d'exil et son collaborateur de 1793 à 1797 : Valdenuit, des Riceys (comme Quenedey) (1).

C.-B.-J Févret de Saint-Mémin, de Dijon
Dessiné et gravé par lui même, aux Etats-Unis, en 1799

(1) Pour les articles de miss Mary Martin sur de Saint-Mémin et pour l'origine de nos renseignements sur Bluget de Valdenuit, voyez ci-après : SOURCES ET BIBLIOGRAPHIE. Le portrait qui suit illustre l'article de miss Mary Martin, dans le Bulletin de la Société *Le Vieux Papier* d'octobre 1926 ; nous devons la communication du cliché à l'amabilité de nos collègues de cette Société et nous les en remercions cordialement.

§ III

Quenedey à Hambourg (1796-1801)
d'après des notes extraites d'un article paru dans une
revue historique allemande.

Tout ce qui précède était imprimé quand, grâce à l'obligeance de l'un de nos correspondants étrangers (1), nous avons pu prendre connaissance, dans la *Revue de la Société pour l'histoire de Hambourg* (ville où Quenedey vécut assez longtemps, l'on s'en souvient), d'un article publié en 1918, sous le titre : *Bou-Magie et Physionotrace,* par Mr G. Kowalewski (2).

Cet article — dont le sous-titre : *Une contribution à l'histoire du portrait à Hambourg,* délimite le cadre — est, en partie, consacré à notre compatriote ; il contient, entre autres annexes, des listes détaillées de portraits faits par lui ; enfin, comme illustrations, deux planches hors texte reproduisent six de ses ouvrages : trois médaillons gravés et trois miniatures.

Un tel champ méritait une exploration particulière. Voici ce que nous y avons glané.

Après un préambule sur les figures humaines en forme d'ombres chinoises, que Lavater considérait comme les images les plus physiognomoniques, l'auteur traite des portraits « en Bou-Magie », exécutés par l'imprimeur hambourgeois Jacob von Döhren entre 1760 et 1780, et plus tard par son fils.

En dépit d'un nom bizarrement choisi, le procédé de ces imprimeurs n'avait rien de magique. Il consistait à relever, en grandeur naturelle, d'après leur ombre portée, des contours de visages ; à transporter ensuite, au moyen du pantographe, des réductions de ces profils sur des plaques de fer-blanc ; enfin à imprimer *tout en noir*, à l'aide de ces planches, les petites effi-

---

(1) Mr O.-H. Clementsen, de Copenhague (Voyez ci-après : Sources et Bibliographie, à son nom).

(2) Zeitschrift des Vereins für Hamburgische Geschichte : *Bou-Magie und Physionotrace. Ein Beitrag zur Geschichte des Bildnisses in Hamburg,* von G. Kowalewski (Band XXII, pp. 168 à 198), Hamburg, 1918, in-8° — M. Kowalewski étant seul en nom, nous ne parlerons que de lui ; mais, en fait, pour cause de maladie, dit une note, la rédaction de l'article, dont il avait rassemblé les matériaux et préparé le texte, fut achevée par l'un de ses collègues, M. le Dr Walter Dammann.

gies qu'elles traduisaient. Les avantages de l'opération résidaient dans la multiplicité et surtout dans la rigoureuse uniformité des exemplaires obtenus.

Les ouvrages de Döhren n'étaient donc que des *Silhouettes*, tirées à la presse et non plus découpées à la main, comme primitivement ; ils n'offraient à l'œil qu'une masse sombre, dépourvue d'expression.

Nous ne nous y attarderons pas. Ce que nous venons de dire suffit pour montrer comment le sujet des portraits « en Bou-Magie » se rattachait à celui des portraits « au physionotrace », importés à Hambourg par Quenedey, dont il est principalement question dans la seconde partie de l'article (1).

Les passages relatifs au séjour de notre compatriote dans le grand port allemand et aux travaux de son art qu'on y a conservés, renferment quelques précisions utiles à rappeler. Les unes confirmeront, les autres compléteront les renseignements que nous étions parvenu à rassembler sur cette période de sa vie.

Il n'en ira pas de même pour les indications qui s'appliquent à la période suivante. Au lieu d'un emprunt, nous aurons à faire une rectification.

A la vérité, trop de données positives manquèrent à M. Kowalewski sur la matière des physionotraces et sur Quenedey personnellement, pour qu'on ne s'explique pas certaines de ses erreurs (2).

---

(1) A titre de curiosité et pour rapprochement avec les prix de Quenedey, voici, d'après l'un des prospectus de Döhren, les conditions auxquelles ce dernier livrait au public ses silhouettes « en Bou-Magie », *sans se dessaisir de la planche :* Pour 24 épreuves *au moins*, on payait deux thalers (environ six marks) et, pour chaque douzaine supplémentaire, un thaler. Lorsque le client demandait l'inscription de son nom sur la planche, l'imprimeur s'engageait à garder celle-ci pendant deux ans, *avant de la détruire*, pour livrer au besoin de nouvelles épreuves, mais toujours par deux douzaines au moins.

(2) Faute d'avoir connu l'appareil du physionotrace, Mr Kow. a pu croire encore que celui-ci n'était qu'un « simple perfectionnement » du pantographe (*eine kleine Verbesserung*). On s'étonne un peu plus qu'un observateur aussi attentif ait pu mettre « hors de doute » (*ausser Zweifel*) que l'ombre portée était utilisée pour le tracé des *profils* de physionotraces, alors qu'il n'en était rien ; l'auteur ne paraît d'ailleurs avoir vu, *posées de trois quarts*, que des figures gravées, non pas d'après nature (comme pourtant il en existe, ce qui aurait pu le détromper), mais d'après des portraits peints.

En ce qui concerne l'artiste, cet auteur savait tout au plus qu'à son arrivée à Hambourg, celui-ci venait de Paris, après avoir travaillé dans cette dernière ville avec le portraitiste G.-L. Chrétien, graveur et inventeur de l'instrument appelé « physionotrace ». S'il ne connut ni la date ni le lieu de naissance de Quenedey, l'auteur ne le crut cependant pas d'origine allemande, comme — détail amusant pour nous — un journal probablement wurtembergeois, le *Tübinger Morgenblatt*, l'avait affirmé, rapporte-t-il, en 1808. On ne lui voit néanmoins dire nulle part que cet artiste, à la fois peintre et graveur, était de nationalité française ; il faut que le lecteur le devine à des indications de détail rencontrées çà et là dans l'article.

C'est au moyen des inscriptions gravées sous les médaillons et des annonces insérées dans la presse locale — spécialement dans les *Nouvelles de Hambourg (Hamburger Nachrichten)* — que M. Kowalewski a fixé la durée du séjour de Quenedey sur les bords de l'Elbe. Les inscriptions lui ont fourni la date initiale : octobre 1796 ; les annonces, la date extrême : août 1801. Ces dates concordent avec celles que nous avons données ; elles encadrent une résidence de près de cinq ans, que le *Dictionnaire des artistes hambourgeois (Hamburgisches Künstlerlexikon)* situe à tort entre 1798 et 1803.

Nous n'avions découvert aucune des adresses personnelles de notre compatriote dans la ville. Ses annonces en indiquent deux :

I. *Grande rue des Boulangers, n° 60, vis-à-vis l'aigle noir*, à la date du 10 juin 1797 ;

II. *Derrière l'église Saint-Pierre, dans la maison du chancelier von Clausenheim*, en octobre 1800 et encore en juin 1801.

Nul portrait connu de l'auteur de l'article ne fait mention de la première adresse ; mais la seconde, sous une forme réduite aux mots : « *derrière Saint-Pierre* » ou « *hinter St Peter* », termine l'inscription de trois médaillons retrouvés par lui. Ces médaillons n'étant pas datés, nous ignorons encore à partir de quel moment Quenedey vint habiter, près de l'église en question, l'immeuble où il eut son dernier domicile. Néanmoins, pour déterminer l'ordre chronologique de ses portraits hambourgeois, les indications topographiques qui précèdent ont déjà leur utilité, et cette utilité pourrait s'accroître par la suite à la faveur de quelque nouveau renseignement recueilli.

Les insertions relevées par M. Kowalewski dans les *Nouvelles de Hambourg* sont au nombre de quatre. Que nous apprennent-elles, à la clarté de ce que nous savions par ailleurs ?

La plus ancienne est celle du mois de juin 1797, au bas de laquelle figure l'adresse de la rue des Boulangers. Elle est rédigée en français et concerne un portrait de Bonaparte. Quenedey explique qu'il avait dessiné ce portrait, à l'aide du physionotrace, pendant qu'il était encore à Paris ; il le recommande donc aux amateurs comme le seul qui ait été fait d'après nature. On pouvait s'en procurer chez lui des épreuves, au prix de 2 marks.

De toute évidence, il s'agissait du médaillon « Q 48 », mentionné au catalogue manuscrit de l'Institut d'histoire de la Ville de Paris sous la rubrique : « Le C[itoyen] Buonaparte (corse) ». Général sans emploi à l'époque où il avait fait faire ce portrait pour son usage particulier, Bonaparte était à cette heure le conquérant de l'Italie ; voilà pourquoi, de l'état d'image privée, son effigie passait alors, à deux ans et demi d'intervalle, au rang de réclame d'actualité dans le magasin de l'artiste expatrié (1).

L'annonce rapportée ensuite est postérieure à la précédente de trois années. Bonaparte avait grandi depuis 1797 ; il était, en France, le premier consul. Comme tous les émigrés, Quenedey fondait sur le chef du nouveau gouvernement — son ancien client — l'espérance de pouvoir rentrer bientôt dans son pays. L'instant n'était cependant pas encore arrivé. Jusque là il lui fallait patienter et, pour vivre, besogner même dans les genres annexes de sa profession de portraitiste.

Celui de la Silhouette était du nombre ; ce genre devait plaire aux Hambourgeois comme à la plupart des Allemands. Jacob von Döhren, qui l'avait pratiqué avec succès, venait de mourir ;

---

(1) Nous n'avons vu nulle part cet intéressant portrait, et nulle part nous n'y avons vu faire allusion. Son exécution se place, d'après la cote, au début de 1795. Les exemplaires vendus en Allemagne en 1797, furent apparemment des répliques, extraites d'une seconde planche gravée d'après une épreuve provenant de la planche originale : épreuve que Quenedey retrouva, fort à propos, parmi celles qu'il avait sans doute emportées de France comme spécimens à montrer de ses plus récents ouvrages.

rénover sa spécialité pouvait être de quelque rapport. En octobre et en novembre 1800, Quenedey fit donc savoir qu'il exécutait « des portraits en forme de silhouettes, d'une nouvelle sorte, très supérieure à toutes les autres », à celle de la Bou-Magie notamment, par sous-entendu.

Ces silhouettes sont *gravées*, disait-il ; en outre, elles reproduisent les traits *extérieurs et intérieurs* de la figure. Un quart d'heure de séance suffit pour obtenir une ressemblance parfaite. Moyennant 15 marks, on reçoit 15 épreuves *et la planche en sus, de sorte que le possesseur de celle-ci pourra toujours faire tirer autant d'épreuves supplémentaires qu'il en désirera.* Au surplus, quiconque ne se reconnaîtrait pas, n'aurait rien à payer.

Tels étaient les avantages que faisait miroiter le prospectus, en faveur de productions qui devaient être de simples esquisses dessinées au physionotrace et reproduites en blanc sur un fond noir limité aux contours du buste du modèle.

Quenedey nous était peu connu comme silhouettiste. En feuilletant les albums de ses œuvres à la Bibliothèque nationale, nous n'avions trouvé [au nom de Bollingbrock (?)] que les sombres effigies d'un Anglais et de sa fille, qui ne sont d'ailleurs ni datées ni signées. De son côté, parmi les pièces des collections locales qu'il a inventoriées, M. Kowalewski ne nous révèle l'existence d'aucun profil édité par l'artiste dans la forme, un peu plus expressive que celle des silhouettes ordinaires, dont parle l'avertissement précité. Nous devons, en conséquence, nous en tenir au maigre renseignement que cette information nous fournit sur les ouvrages de ce genre, auxquels notre compatriote se serait plus ou moins adonné pendant la dernière année de sa résidence à Hambourg.

Un intervalle de dix mois au plus sépare, en effet, l'avis relatif à ses silhouettes, des deux annonces qu'il fit paraître avant de quitter cette ville.

Dès le courant de juin 1801, Quenedey était fixé sur son retour en France. Il n'avait pas seulement pris la résolution de revenir à Paris et de s'y réinstaller ; il savait qu'il allait pouvoir la mettre à exécution. Ce n'était plus pour lui qu'une question de semaines : le temps peut-être de se procurer quelques pièces, de remplir certaines formalités, en tous cas de liquider ses affaires. La note insérée à sa demande dans les *Nouvelles de*

Hambourg, en ce même mois de juin, ne laisse aucun doute à cet égard. « Le peintre de portraits Quenedey, de Paris, a l'honneur d'informer le public de son prochain départ, etc... » (« *Der* « *Portraitmaler Quenedey, von Paris, benachrichtigt das geehrte* « *Publikum von seiner in Kurzem vorhabenden Abreise, u. s.* « *w.* »), disaient les premiers mots de cette note à deux fins.

A deux fins :

D'une part, parce que l'artiste sollicitait la prompte visite des personnes qui seraient encore désireuses de faire faire par lui leur portrait, soit peint en miniature (de face ou de trois-quarts, au prix de 30 marks), soit gravé sur cuivre (à raison, comme pour ses silhouettes, de 15 marks pour la planche et 15 épreuves très rapidement livrées, grâce à un procédé de son invention qui abrégeait le travail de gravure et à un physionotrace avec lequel, en quelques minutes, il saisissait tous les traits du visage) ;

D'autre part — et c'était là, probablement à l'adresse de ses clients de la colonie française, émigrée et gênée, la raison primordiale de sa note — parce qu'il y invitait les gens oublieux, dont les commandes depuis longtemps terminées languissaient dans son atelier, à venir enfin les retirer... et les payer. Leurs portraits étant pour lui des souvenirs de peu de valeur, il n'en pourrait faire, à son regret, concluait-il, qu'une exposition de « laissés pour compte » (« *Zum Andenken haben ihre Bildnisse* « *für ihn nicht Interesse genug, und ungern möchte er aus* « *ihnen eine Gallerie der Nichtbezahlung zur Schau stellen* »). Le trait était peut-être un peu acéré, mais il venait d'un homme habitué à manier la pointe.

On peut croire que le coup porta, car, deux mois plus tard, dans une dernière annonce, Quenedey n'insistait plus qu'auprès d'un certain Monsieur de Montreuil et du maître de musique Feuillant, pour qu'il fissent parvenir leur adresse à M. Villatte, professeur de langues, rue ABC, chez qui les personnes dont les « cuivres » étaient restés sous sa garde, pourraient reprendre ces matrices de leur portrait — leur propriété — contre un modique droit de consigne.

Cette annonce parut en août 1801. Elle atteste qu'à cette date l'artiste venait d'abandonner les rives de l'Elbe et le voisinage de l'église Saint-Pierre. Après cinq ans d'absence, cinq ans d'exil, il était en route pour revoir les bords de la Seine et les arcades du Palais-Royal, à deux pas desquelles — au n° 1284 de la rue Neuve-des-Petits-Champs — il devait rouvrir son atelier dès le début du mois d'octobre suivant (N° des *Affiches, annonces et avis divers*, de Paris, du 13 vendémiaire an X — 5 octobre 1801 ; voy. *supra*, p. 35).

Si peu nombreuses qu'elles soient, ces réclames de presse, retrouvées à Hambourg même, projettent un utile complément de lumière sur l'activité de notre compatriote dans cette ville. Leur réunion constitue la partie la plus solide de la documentation nouvelle dont nous sommes redevables à M. Kowalewski.

La suite des renseignements du même auteur contient quelques assertions erronées ; il ne les donne pas toutes pour certaines, il est vrai.

Ses déductions n'ont reposé que sur l'étude d'une soixantaine de physionotraces de Quenedey, se rapportant soit à des personnes dont ce dernier avait fait le portrait à Hambourg, soit à des Hambourgeois venus en France, dont il avait fait le portrait à Paris ou à Bruxelles, alors française. Elles ne pouvaient être suffisamment étayées par un aussi petit nombre d'exemples.

La méprise principale est la suivante ; les autres dérivent de celle-là.

Parmi trente médaillons, dont la légende témoignait de leur confection à Hambourg, M. Kowalewski en a trouvé dix-huit qui portaient en outre des numéros d'ordre, compris entre le n° « *3* » et le n° « *45* ». Ce numérotage, initial d'apparence (apparence trompeuse ; voy. *supra*, p. 27), l'a conduit à penser que cette suite de médaillons appartenait à la première série de portraits gravés par Quenedey à l'imitation de ceux de Chrétien, autrement dit *à croire que Quenedey avait débuté à Hambourg dans la gravure des portraits au physionotrace,* et, par une conséquence logique, à considérer tous les médaillons faits par lui ailleurs qu'à Hambourg, comme étant d'une exécution postérieure à son départ de cette ville, c'est-à-dire postérieure à 1801.

Or, nous avons démontré, assez clairement pour n'avoir plus à revenir sur ce point, qu'avant de gagner l'Allemagne vers la fin de 1796, Quenedey avait gravé quelques portraits à Bruxelles, cette année là, et qu'à Paris, pendant les années précédentes, il avait gravé une quantité d'autres médaillons *déjà numérotés* ou, suivant notre expression, déjà « cotés ».

Pour la rigueur de leur classement chronologique — classement que M. Kowalewski s'était judicieusement efforcé d'établir — les soixante physionotraces de Quenedey énumérés à la fin de son article (parmi lesquels figurent un portrait de Bruxelles et trois portraits de Paris cotés L 15, R 23 et R 25) doivent donc être rangés dans un ordre différent de celui qui a été suivi (1).

*
* *

Un mot nous reste à dire maintenant à propos des quatre miniatures, peintes sur ivoire par Quenedey, dont M. Kowalewski signale l'existence à Hambourg : autre renseignement instructif et nouveau pour nous trouvé dans son article.

L'une d'elles est au Musée d'histoire locale ; les trois autres sont au Musée des arts et métiers (2).

Après les avoir minutieusement décrites, l'auteur, joignant l'agréable à l'utile, nous donne, dans l'une de ses planches hors texte, la reproduction de celles sur lesquelles la signature : « *Quenedey fec(it)* » est visible. Elles représentent un homme encore jeune, un vieillard et une dame. La quatrième (un jeune homme) a été laissée de côté, parce qu'elle n'est pas signée ; on ne saurait cependant, paraît-il, avoir aucun doute sur l'exactitude de son attribution à Quenedey.

Il est assez malaisé d'apprécier des miniatures d'après des traductions en noir et blanc. On juge bien néanmoins que la pièce la plus finement traitée, la plus vivante du groupe que la planche nous montre, doit être « l'homme encore jeune », un inconnu, dont l'original se trouve au Musée d'histoire locale ; au demeurant M. Kowaleswki nous le confirme expressément (*Diese Malerei ist ebenso fein wie wirksam ; an Ausdruck und Lebendigkeit die beste bekannte Arbeit des Künstlers*) ; cette miniature est le meilleur ouvrage qu'il connaisse de l'artiste.

---

(1) La retouche sera facile à l'aide de notre tableau synoptique. Le n° 60 et dernier (« *L. 15* ») passera au premier rang, en tête de liste ; puis viendront, aux 2ᵉ et 3ᵉ rangs, les n°ˢ 48 et 49 (« *R 23* » et « *R 25* »; ensuite, au 4ᵉ rang, le n° 44, G.-H. Siewking (gravé à Bruxelles) ; au 5ᵉ rang, le n° 1, Senator Bausch (« *3* », gravé à Hambourg) ; au 6ᵉ rang, le n° 2, J.-P. Sieweking (« *4* », gravé à Hambourg, en 1796) ; les autres, enfin, resteront dans l'ordre adopté par l'auteur.

(2) *Museum für Hamburgische Geschichte* et *Museum für Kunst und Gewerbe.* Quelques miniatures de Quenedey pourraient aussi se trouver chez des particuliers, est-il simplement ajouté ; comme dans l'article, il ne sera donc ici question que de celles des musées.

Soit ; mais c'est surtout l'impression d'ensemble produite par la vue réelle des différents spécimens conservés à Hambourg, que nous aurions aimé recueillir, car on ne sait presque rien sur la qualité qu'il convient de reconnaître aux ouvrages en peinture de Quenœdey.

Malheureusement l'opinion de l'auteur est difficile à dégager d'un unique passage de la fin de son article (1).

____

(1) Du reste, voici ce passage en entier dans le texte original : « Uber Quenedey als Künstler könnte höchstens bei der Betrachtung seiner Miniaturen die Rede sein. Bei der zeitgenossischen Kritik hat ihm das Physionotracegewerbe ersichtlich geschadet.

Der Domherr Meyer nennt Quenedey einen nicht ungeschickten Pariser Künstler, aber er betreibe seine Kunst *zu merkantisch : « Im Geschmack der Aushängeschilder, die von. unbedeutenden Malern vor den Galanterieläden des Palais Royal ausgesteckt werden, paradiert vor seiner Wohnung an der Gasse ein Rahmen mit kleinen Porträts in allen Manieren, beigeschriebenen Preisen und angezeigter Stundenzahl der Sitzungen, als :* prix d'un ducat, en une heure de séance, *oder* prix de trois ducats, en deux séances. *Das bringt der Kunst Brot und trotzt der Kritik.* » Man fühlt aus diesen Worten, dass der Domherr Meyer den Mann im Grunde zu den Künstlern zählte ; hatte er ihn lediglich als Geschäftsmann angesehen, so würde ihm das, was er rügt, wohl nicht als Entwürdigung vorgekommen sein (*).

Für uns sind die gemalten Miniaturbildnisse, deren, zum Beispiel, das Museum für Kunst und Gewerbe mehrere besitzt, der wichtigste Teil des Quenedeyschen Lebenswerkes.

Da auch die bekannten Lembergerschen Miniaturenwerke den Künstler nicht aufzählen, so sollen weiter unten, in der Bilderliste, auch seine Miniaturen, soweit sie im Augenblick zur Hand sind, ihren Platz find n. »

(*) F.-J.-L. Meyer, dont il est ici question, fonda à Hambourg, sa ville natale, une société pour la propagation des arts et de l'industrie. On ne doit donc pas s'étonner de voir son jugement faire autorité. Il occupa diverses fonctions publiques et fut président du chapitre de la cathédrale. De ses voyages et de ses missions dans divers pays d'Europe, il a laissé des relations où l'on trouve, dit Larousse, d'assez piquantes peintures et un fin esprit d'observation.

Parmi ces relations figurent des « Fragments écrits de Paris » (Hambourg, 1798) et des « Lettres adressées de la capitale et de l'intérieur de la France » (Tubingue, 1802) ; c'est apparemment du premier ouvrage qu'est tirée la citation ci-dessus reproduite en italiques, dans laquelle l'écrivain s'offusque un peu d'avoir vu devant la demeure de Quenedey, un cadre qui tirait l'œil, à la manière des enseignes pendues aux boutiques des marchands de curiosités du Palais Royal, où des portraits de sa façon, en toutes sortes, étaient exposés avec des indications de prix variables suivant le temps de pose. Nous connaissions ce détail, et nous en avons parlé, mais l'effet qu'il produisit sur un observateur étranger nous paraît être une référence supplémentaire intéressante à signaler.

Après une citation empruntée à la correspondance d'un contemporain — le chanoine Meyer, homme de lettres hambourgeois dont Quenedey fit le portrait à Paris en 1796 (R 23) — au dire duquel ce peintre possédait l'étoffe d'un « artiste », bien que son « mercantilisme » nuisît à sa réputation, M. Kowalewski déclare qu'à son avis personnel les miniatures de Quenedey constituent la partie maîtresse de l'œuvre de ce dernier (*der wichtigste Teil seines Lebenswerkes*) : entendez par là qu'il les considère, au point de vue artistique, comme supérieures à ses portraits en estampes, à ses physionotraces.

Nous n'irons pas là contre. La question qui nous préoccupe est toute différente.

Que valent par elles-mêmes ces miniatures ? A quelles productions analogues d'autres artistes pourrait-on les comparer ? Quel rang assigner à leur auteur parmi les peintres qui, de son temps, acquirent dans cet art délicat une honorable notoriété, car il va de soi que nous ne songeons pas à le hausser au niveau de Hall ou d'Isabey, ni même à celui de Vestier ou de Mme Cadet ?

A quoi — si nous l'avons bien compris — M. Kowalewski répond seulement que les travaux connus de Lemberger sur les miniatures, ne font pas mention de Quenedey, mais que ses portraits, dans la mesure où l'on peut présentement juger de leur valeur, mériteraient néanmoins de figurer en dernière ligne sur la liste dressée par ce critique d'art. Qu'est-ce à dire ?

Nous ne connaissons pas les publications de Lemberger, ni par conséquent les œuvres dont il s'est occupé ; la vague allusion qui précède ne nous a donc rien appris sur le degré de la science à laquelle notre compatriote était parvenu comme miniaturiste, et nous le regrettons.

A défaut d'un renseignement précis sur ce point particulier, nous n'en devons pas moins à M. Kowalewski plusieurs indications utiles à retenir, on l'a vu, sur le séjour de Quenedey en Allemagne et sur les souvenirs qui en restent sur place.

Nos commentaires de sa « contribution à l'histoire du portrait à Hambourg » attestent l'intérêt que nous avons pris à la lire. D'autres chercheurs, en quête d'une documentation iconographique, pourraient également la consulter avec profit, car nous n'en avons extrait que ce qui se rattachait directement à l'objet de notre étude.

ADDENDA ET ERRATA

Ouvrages d'Aglaé Quenedey. — Les albums de la Bibliothèque nationale renferment çà et là quelques portraits de la seconde fille de Quenedey, Aglaé, qui, restée célibataire, fut jusqu'à la mort de l'artiste son auxiliaire et sa collaboratrice. Si peu nombreux qu'ils soient, ces exemplaires témoignent d'une production personnelle. Ni l'importance ni la valeur propre de celle-ci ne sont exactement connues ; on ne saurait en juger par ces épaves.

Dans le genre des physionotraces, nous avons relevé :

Les portraits de ses cousines, mesdames Desprez et Falempin, filles d'Edme-Vincent-Simon Quenedey, avec la mention : « *Aglaé Quenedey del. et sculp.* », sans date, mais de l'époque de la Restauration ;

Et trois portraits d'hommes ; l'un, anonyme, avec la même mention que ci-dessus, s. d. ; l'autre (M. Charpentier ?), « *dess. et gravé par Melle Quenedey, à Paris* », s. d. ; le troisième (M. Richardon ? en costume de magistrat), « *dess. au physionotrace et gravé par Melle Quenedey, rue Neuve-des-petits-champs, n° 15, à Paris. 1827* ».

Dans le format in-4° :

Le portrait du compositeur allemand : « STEIBELT » (1764-1823), signé à gauche : « *A. Quenedey* » et portant en bas la mention : « *Se vend chez Quenedey, rue Neuve-des-petits-champs, n° 15...* », s. d., qui complète, nous l'avons dit, la « suite » des grands musiciens ;

Et celui du « *Lieutenant-Général* ALLIX, *auteur de la théorie de l'Univers... Dess. au Physionotrace et gravé par Aglaé Quenedey, 1825.* », où la figure est présentée de trois quarts.

Enfin, il nous a été obligeamment signalé qu'on connaît de cette artiste une lithographie (buste de femme, in-4°), d'un trait assez lâche, comme l'étaient les premiers dessins en ce genre ; il semble donc qu'elle avait essayé son talent sur les pierres que vendait son père.

Aglaé Quenedey ne s'adonnait pas seulement aux arts du dessin. Elle était aussi musicienne ; elle composait même. Nous avons cité dans la partie biographique quelques-unes de ses partitions, ses *Chants russes* édités par S. Démar notamment, sur lesquels, en 1814, la police impériale mit l'embargo. Un de ses arrière-petits-cousins a bien voulu nous communiquer un autre morceau de sa composition, illustré d'un dessin fait par elle : « *Les Adieux d'un chevalier français, romance... dédiée à son amie Thérésia Demar, par Aglaé Quenedey* », qui se vendait « *chez l'Auteur, rue Neuve-des-Petits-Champs, n° 15, vis-à-vis la Trésorerie et au magasin de S. Demar, rue Croix-des-Petits-Champs, n° 31...* ». Les planches (dessin, musique et paroles) de cette romance furent toutefois « gravées par Mlle Aubert », une amie d'Aglaé aussi, dont Quenedey avait jadis tracé le profil (G. 24).

Nous devons en outre au même parent du portraitiste, son homonyme, l'un des plus aimables et des plus érudits archéologues de la ville de Rouen, de connaître deux dessins signés d'Adèle Quenedey, sœur d'Aglaé, dont nous n'avions encore pu voir aucun ouvrage ; ce sont, l'un au crayon, l'autre au lavis, les portraits de leur oncle Nicolas Quenedey et de sa femme, Nicole Brigandat.

A propos de Bouchardy.— Nous avons écrit, dans la partie biographique, que le don de l'appareil du physionotrace, fait jadis au Conservatoire des arts et métiers, devait provenir du successeur de Chrétien, c'est-à-dire de Bouchardy. Cette supposition était inexacte.

Le *peintre distingué* qui offrit cet appareil devenu introuvable, fut Mérimée (J. F. L.), alors secrétaire de l'Ecole des Beaux-Arts (père du littérateur connu), d'après une lettre adressée, le 7 août 1812, à M. Mollard, directeur de l'établissement à l'époque, dont l'original nous a été obligeamment communiqué à la Bibliothèque du Conservatoire. En voici quelques passages :

« Mon cher collègue,... je ne tiens pas du tout à être mentionné [comme donateur]. Le Phisionotrace que j'avais, ne me servait pas, ne devait pas me servir ; j'ai été trop heureux qu'il ait pu recevoir une destination utile et qu'il ait pu convenir pour votre collection.

« Son objet est de dessiner des corps immobiles *d'une assez grande dimension*, quoique la distance du dessinateur soit supposée assez éloignée ;... son principal usage [est], je pense, celui de dessiner un portrait grand comme nature. On n'a fait que des profils, parce qu'il est trop difficile de donner à un modèle vivant une immobilité absolue. Recevez, etc... MERIMÉE. »

Cette lettre nous confirme dans l'opinion que le physionotrace ne fut pas un instrument employé par beaucoup d'artistes.

Bouchardy lui-même s'en servit-il réellement ? Un peu peut-être, pour commencer ; car avant de rencontrer sous ses portraits sa formule habituelle : « *Dessiné et gravé par B., succ. de Chrétien, inv. du phys...* », on trouve quelques exemples de la mention : « *Dess. au physionotrace et gr. par B..., succ. de Chrétien...* » (collection de là Bibl. d'art et d'archéologie).

De même que la phrase inexacte : « Dessiné et gravé au physionotrace par Quenedey », employée par ce dernier, a longtemps fait supposer que l'instrument dont il se servait était une machine à graver, de même la rédaction amphibologique adoptée par son nouveau concurrent : « Dessiné et gravé par Bouchardy, successeur de Chrétien, inventeur du physionotrace » a trompé certains biographes, en leur donnant à penser que l'invention de cet appareil était due, non pas à Chrétien, mais au successeur de celui-ci (Voyez pour exemple, dans le *Dictionnaire historique* de LALANNE, la notice concernant Bouchardy et, au surplus, dans le Bulletin de la Soc. du *Vieux Papier* [n° de juillet 1910, p. 66], le fac-similé, un peu trompeur aussi par sa disposition typographique, d'une des premières cartes-prospectus de ce portraitiste). A la vérité, quelques rares médaillons du même artiste portent la mention : « Dessiné et gravé par B., succ. de Chrétien, *L' inventeur du phys...* » ; elle précise ce que sa formule ordinaire voulait seulement dire.

Nous avons également indiqué dans la partie biographique que Quenedey avait déposé au Conservatoire des arts et métiers des spécimens de ses pierres lithographiques françaises ; nous n'avons pas retrouvé dans les archives de cet établissement la confirmation de la note qui nous avait été communiquée à ce sujet.

Le physionotrace et... l'anthropométrie. — Outre celle de Mérimée, de 1812, dont il vient d'être question, les Archives du Conservatoire possèdent, sur le Physionotrace, deux lettres qui nous reportent à vingt-cinq ans avant celle-là, au moment où Chrétien fit connaître son appareil.

Elles datent de 1786 et sont de la main de Jean-Claude Pingeron, ancien ingénieur, alors employé dans les bureaux de la couronne à Versailles, auteur d'un grand nombre de traductions et d'articles relatifs à des connaissances utiles, insérés dans diverses revues, notamment dans la *Bibliothèque physico-économique,* où, de sa plume sans nul doute, parurent les premières réclames en faveur de l'instrument, dont il s'était engoué.

Pingeron désirait vivement voir l'Académie des Sciences s'intéresser à cette invention. Ses deux lettres en font foi ; les académiciens ne partagèrent pas, on le sait, son enthousiasme. L'une et l'autre sont instructives ; mais la première est la plus curieuse, surtout par certaine application du nouveau procédé, que l'auteur avait envisagée. Si cette idée ne reçut pratiquement aucune suite, elle ne manquait assurément pas d'originalité pour le temps.

Nous ne reproduirons que le commencement de cette lettre : « J'ai enfin déterminé M. Chrétien — écrivait Pingeron, le 25 avril 1786 — à rendre publique l'ingénieuse machine qu'il vient d'imaginer et de perfectionner pour faire le portrait sans qu'il soit besoin de savoir dessiner.

«... J'ose vous inviter à venir dimanche prochain à Versailles... ; vous verriez cette charmante méchanique qui offre une nouvelle ressource à l'amitié *et qui peut servir à fixer les militaires inconstans, en procurant les moyens de faire et de graver les portraits de chaque recrue pour l'envoyer aux diverses brigades de maréchaussée dans le cas de désertion.*

« Je viens d'écrire à ce sujet à M. Le Roi, votre confrère et j'ai joint à ma lettre les portraits de deux personnes que vous connaissez, qui ont été faits chacun en quatre minutes. Je vous invite à prier M. Le Roi à vous les montrer. Vous essayerez alors de les reconnaître.

« . . . .

« M. Le Roi vous donnera mon adresse. Celle de M. Chrétien est sur la place dauphine, maison du parfumeur. J'ai l'honneur d'être, etc... A Versailles, ce 25 avril 1786. Pingeron » (Lettre à M. Vandermonde, membre de l'Ac. des Sciences).

De l'idée de prendre les portraits des recrues, pour retrouver au besoin les déserteurs, à celle de garder les profils des prisonniers, pour reconnaître à l'occasion les récidivistes, il n'y avait qu'un pas à faire,... mais il y aurait eu dans les deux cas la dépense à supporter. Précurseur insoupçonné de Bertillon, Pingeron en fut pour ses frais d'imagination.

S'il ne vit pas « les physionotraces » entrer dans les casernes, il vécut assez du moins (n'étant mort qu'en 1795) pous constater le succès que leur valut, dans les salons et dans les boudoirs, « la nouvelle ressource qu'ils offraient à l'amitié », selon son expression.

Quenedey à Paris. — Nous savions que Quenedey avait quitté l'Ecole de dessin de Dijon en 1780 ; nous l'avions ensuite retrouvé à Paris en 1787, sans pouvoir préciser depuis quand il résidait dans la capitale. C'était au moins depuis 1784. Dans une lettre adressée de Paris, le 8 octobre de cette année, au baron de Joursanvault, leur protecteur, le peintre Jean Naigeon glisse, en effet, cette phrase : « Quenedey vous prie d'agréer ses respects » (Cf. L. Morand. *Une famille d'artistes : les Naigeon* ; Paris, 1902, in-8° ; p. 15. Renseignement dû à l'obligeance de M. J. Laurent, des Riceys, bibliothécaire à Dijon).

Quenedey prit femme à Paris vraisemblablement. Jeanne-Marie-Madeleine Pella, épousée par lui, suivant contrat « passé en sa demeure, rue Croix-des-Petits-Champs, paroisse Saint-Eustache, le 19 juillet 1790, devant Thion, notaire (rue Coquéron) », était la fille de « Joseph Pella, maréchal expert à Vitry-le-François, et de Marie-Louise Amel », tous deux décédés alors. L'apport de la future, en habits et deniers, avait été estimé à la somme de 1.200 livres ; celui du futur, « consistant dans son atelier, ustensiles et marchandises de sa profession, habits à son usage et deniers comptants », à la somme de 5.200 livres. Leur contrat, dans lequel l'artiste « déclare avoir le consentement de ses parents », ne mentionne que des témoins de son côté : son frère Edme-Vincent-Simon, sa sœur Marie-Louise-Catherine et son oncle maternel Edme-Joseph Pissier, « maître en chirurgie, démonstrateur en l'art des accouchements », à Troyes (*Archives de l'ancienne étude de M⁰ Thion de la Chaume, notaire au Châtelet de Paris*).

Quenedey et sa femme avaient le même âge. La déclaration du décès de celle-ci, à la date du 10 août 1824, lui donne 68 ans ; elle était donc née, comme son mari, en 1756 (*Archives de la Seine*).

SOURCES & BIBLIOGRAPHIE

I. — SOURCES MANUSCRITES

A l'*Institut d'histoire et de géographie de la Ville de Paris* : Répertoire des portraits de Quenedey (don de M. A. Christophle, fév. 1892), FGms 505 (n° 29.760 Rés.).

Aux *Archives du Conservatoire des Arts et Métiers* : M 143 (Lettres de Mérimée et de Pingeron).

Sur M. de Valdenuit. Aux *Archives municipales des Riceys* : Reg. de catholicité et d'état civil ; doss. de correspondance ; — aux *Archives de l'Aube* : Fonds Ray ; M 2 a (1807-1815) et M 2 d (an XI) ; — aux *Archives de la Côte-d'Or* : doss. des émigrés, Q 715 ; — aux *Archives nationales* : doss. des préfets, F b 1, 156 [27] ; — papiers de M. Alexandre Guenin (*Archives particulières*).

II. — ARTICLES ET OUVRAGES

Dans l'*Intermédiaire des chercheurs et curieux* (n° du 10 déc. 1915), *Saint-Mémin, graveur au physionotrace*.

Dans *La Curiosité universelle*, 1887, n° 26, *Le physionotrace*, par H. P. ; 1888, n° 99, *Fevret de St-Mémin*, par H. P. ; 1892, n° 263, *L'iconographie*, par A. Tardieu ; *passim*, Listes de portraits.

Dans *Le Vieux Papier*, 1926 : *Quelques documents sur le physionotrace*, par M. G. Cromer, dans le numéro d'avril et dans le numéro d'octobre : *Quelques notes sur Saint-Mémin*, par miss Mary Martin (*voyez* ci-après).

Dans *Art in America* (1921), article sur Saint-Mémin par Théodore Bolton.

Dans *The Connoisseur* (revue d'art et curios. éditée à Londres), 1926, n°ˢ 295 et 299 (mars et juillet) : *The physionotrace in France and America*, by Mary Martin (article riche en illustrations et particulièrement intéressant par les renseignements nouveaux qu'il contient sur la vie et l'œuvre de Saint-Mémin aux Etats-Unis [n° 299] ; les *Notes* du même auteur, mentionnées ci-dessus, suppléent en partie cet article et par endroits le complètent pour ce qui concerne ce portraitiste).

Dans *Zeitschrift des Vereins für Hamburgische Geschichte* (Band XXII), *Boumagie und Physionotrace*, von G. Kowalewski ; Hamburg, 1918 (article dont nous avons tiré la substance de notre chapitre additionnel sur Quenedey à Hambourg ; voyez ci-dessus à l'Appendice, § III).

Dumont-Vilden, *Le portrait en France au xviii° siècle* ; Duportal (M¹¹° Jeanne), *La gravure de portraits et de paysages (en France, au xviii° siècle)* ; Firmin-Didot, *Les graveurs de portraits en France (Cat. de la Coll. F.-D.)* ; Lieutaud (Soliman), *Liste des portraits des Députés à l'Assemblée nationale de 1789 — Recherches sur les personnages nés en Champagne dont il existe des portraits...* ; Tardieu, *Dictionnaire iconographique des Parisiens.*

Clementsen (O.-H.), *Fortegnelse over Chrétien's portrætstik af kendte danske* ; Kœbenhavn (Copenhague), 1921 : excellente notice illustrée, tirée à petit nombre, concernant 80 portraits de personnalités danoises, gravés à Paris par Chrétien. (Très expert en matière de physionotraces, l'auteur nous apprend, dans sa préface, qu'à l'imitation de Chrétien, de Quenedey, de Bouchardy — ajoutons : et de Saint-Mémin en Amérique — le graveur danois Andréas Flint mit au jour dans son pays une série de petits portraits en médaillon, dont la description serait également instructive ; M. Clementsen laissait espérer qu'il entreprendrait ce travail ; cela est à souhaiter, car on y verrait, sous sa plume autorisée, la répercussion d'une idée partie, comme tant d'autres, de France. Les portraits de cette « suite » sont généralement signés : « *A. Flint, ad vivum del. et sc.* » ; leur auteur était né à Copenhague en 1766).

[*N. B.* Des publications du genre de celles de M. Clementsen et de M. Kowalewski (*voy.* ci-dessus) témoignent de l'intérêt que l'étude des physionotraces présente pour l'histoire, même à l'étranger ; elles viennent à l'appui de ce que nous avons dit plus haut sur ce point, spécialement à propos de l'histoire de Paris et de celle de nos départements.

Il existe, à notre connaissance, suffisamment de portraits de cette sorte représentant des personnages notoires venus de Hollande ou d'Angleterre, d'Espagne ou de Pologne, par exemple, et passés chez Quenedey ou chez Chrétien, pour fournir la matière d'utiles travaux analogues à ceux de MM. Clementsen et Kowalewski].

TABLE DES MATIÈRES

TABLE DES PORTRAITS

Juillet 1927.

R. H.